朗読療法

橘　由貴

駿河台出版社

はじめに

筆者はこれまで様々な形で「朗読」とかかわってきた。医療、教育現場での朗読を取り入れたカウンセリング、朗読公演、朗読の放送番組等……そういった一連の活動を通して、朗読が人の心に生きる勇気、糧を与えてくれること、心の苦しみを抱える人たちに心の元気を蘇らせてくれることを知った。朗読療法の出発点である。

こんな話をご存知だろうか?

ロシアかどこかの名優が舞台で観客に背を向けて、食事のメニューを朗読しただけで、観客は心を揺さぶられ、涙したという話だ。

これはいったい何を物語っているのであろうか。

つまり、人を感動させるのは、必ずしも語る内容ではないということである。それは、「朗読」がというより、朗読作業を通して伝わる「声の響き」によるものだと筆者は考える。

たとえばハンバーグ、ナポリタン、エビフライ……こういったメニューを見ても誰も涙まで流さないであろう。それは聴き手一人ひとりが、彼の発する言葉の響きから想起されるものによって、心に何らかの変化が起こった状態と考えられる。

声は思いや気持ちを伝えるひとつの重要な働きを担うものとしてある。声の響きには言葉の意味を超えた人の心を動かす見えない力がある。言葉はただ意味伝達の機能ばかりではない。語り手は、文字から自分なりのイメージを膨らませ、そこに自分の思いや気持ちを託して聴き手の心に伝える。聴き手がどれだけ豊かなイメージを広げることが出来るかは、語り手次第である。ただ文字を読み伝えるだけでは聴く者の心を捉えることはできないであろう。演奏の世界にも心に染み入る音の響きがあるように、言葉にも心に染み入る声の響きがある。それは心と深い関係があるからだ。だからこそ人の心に訴えかける力をもつ。

本書で取り上げる朗読療法においても、対象者の心にふさわしい作品をただ朗読すればそれで療法になるということではない。聴き手に豊かなイメージを構築させる声の力がベースにあってこそはじめて成り立つ世界なのである。

本書は前半が朗読療法の理論と方法論、後半が実践現場での事例を紹介している。その事例を通して、我々人間の心にとっていかに声の果たす役割が重要であるかを認識してもらえたらと思う。また、未来を担う子どもたちの教育には音声表現教育が必要であること、そして教員養成には音声教育指導が出来る人材を育成することが何より先決であると思う。豊かな声を遣《つか》える人は人の心にも豊かさを届けられるはずである。

読者の皆さんと本書との出会いが、今まで抜け落ちていた声の重要性について気づかせてくれる一つの契機となっていただけたら幸いである。そして、人の心は、声によって傷つくこともあれば声で甦ることもできるのだということを筆者の関わった事例を通してお伝えできたらと思っている。

最後になったが、この朗読療法は筆者が提唱し、朗読療法の最初の本となる。現代は多くの人が自分の心とどう向き合ったらいいのか戸惑いながら社会生活を送っているように感じる。この本はそういった方々に対し、少しでも心豊かに自分の心と向き合っていけるよう、これまでにない新しい方向から心の世界に光をあてた。読者がなるべく心の世界をイメージできるよう筆者なりに工夫したつもりだが、紙面の制約上十分お伝えできない点も多々あると思うのでご容赦いただけたらと思う。色々試行錯誤しながらもなんとか現在のような形になるにあたっては、医学博士の橋口英俊先生

（元聖心女子大学臨床心理学教授）主宰のＩＪＥＣ（日本教育臨床研究所）カウンセリングカレッジで、あらゆるカウンセリングの技法について包括的統合的に学ぶ機会に恵まれたことが何よりの原動力となっている。その節にお世話になった橋口先生はじめ内山喜久雄先生（筑波大学名誉教授）、小田晋先生（筑波大学名誉教授）他、諸先生方に心より感謝申し上げる。

第一章

朗読療法とは何か

第一節　朗読療法とは

朗読療法の定義

朗読療法を一言で定義するなら、朗読を主要手段とする心理療法ということになる。つまり、様々な心理的身体的要因から心のバランスを失った人たちに対し、朗読の癒しの効果を通して自然治癒力を高め、その力を心理療法的アプローチによってもとのバランスの取れた状態に回復していく方法である。

朗読療法の活動意義

朗読療法の考え方は、心の持ちようにある。どんな状況においても前向きな心の姿勢は様々な症状の改善に有効であると考えられる。特に病院や社会福祉施設といった特殊な環境の中でストレスの多い生活を強いられている人々にとっては、心の不安を軽減し生き生きとした心の姿勢を保つことは早期回復にもつながる。また、現代人の心の病への予防としても有効である。朗読療法はこういった考え方を基盤に、医療、福祉、教育、予防を柱にそれぞれに対応した活動を行う。

朗読療法を行う人は

朗読療法を行う人を朗読療法士と言う。朗読療法は、朗読療法の訓練を受けた朗読療法士によって行われる。

朗読療法士は、主に医療、福祉、教育の現場などでその需要に合わせた活動を行う。朗読療法士は、常に人の心に深く関わることを認識し、セラピーとしての朗読及びカウンセリングに関する知識を習得する必要がある。また、豊富な臨床経験を積み、高い精神性を磨くことも大切である。

朗読療法の対象者とは

幼児から高齢者まですべての人が対象となる。

ただし、言語を主としているため、言語理解能力に合わせた対応が求められる。また、年齢や対象者の抱える障害がどういった障害であるか、その程度についてもあらかじめ考慮に入れなくてはならない。

対象者が個人か集団かによって、個人朗読療法あるいは集団朗読療法の形態をとる。個人朗読療法は、個人を対象に基本的にはセラピストと対象者が1対1で行う。また集団朗読療法は数名から十数人のグループを対象に行う。

朗読療法の適用範囲

朗読療法を活用するにあたって、その適用範囲について考えてみたい。

朗読療法の目的は、対象者の症状の改善、緩和であり、たとえ病状の回復が期待できない場合においても、人が人として最後までその人らしく生きられるよう精神的に援助していくところに朗読療法の意味合いがある。

では、どのような対象者に対してどういった援助が期待できるかを具体的に挙げてみたい。

(1)　心理カウンセリングを目的とする場合

・気づきの促進
・囚われの観念の修正

・精神性の向上
・ラポール効果

(2) 言語機能の開発や修復の援助を目的とする場合

①障害児の朗読療法
・発達障害児の言語コミュニケーション能力の向上
・認知面の発達の促進
②脳障害のための朗読療法
・脳障害（脳梗塞、認知症など）による言語機能回復の援助
・記憶機能の刺激
・見当識の促進
・会話の促進
・自尊心の回復
・意欲向上
・聴覚認知力の刺激

・イメージの誘発
・精神の活性化
・自己表現力の促進

(3) 特殊な環境下における精神衛生を目的とする場合

①入院患者のための朗読療法
・ストレスの軽減
・不安の軽減
・言語交流

②終末医療・緩和ケアとしての朗読療法
・精神の安定
・不安の軽減
・スピリチュアリティの向上
・受容的精神の育成

(4) 社会復帰を目的とする場合（ソーシャルスキルトレーニングとしての役割）

①精神科、社会福祉施設などのデイケア利用者のための朗読療法

・会話の促進
・コミュニケーション能力の育成
・感情表出の促進
・精神の活性化
・他者理解
・自己表現力の育成
・自信の回復
・受容的精神の育成
・ストレスの発散
・協調性の促進

②長期入院患者や社会生活から遠ざかっていた人を対象とした心のケア

・コミュニケーション力の促進
・精神のコントロール力の強化

・自己表現力の育成
・自信の強化
・協調性の促進

(5) 予防医学的教育的効果を目的とする場合

（広く一般の人たちを対象とし、心の病への予防活動と生涯学習）

①朗読療法士による研修会および講演等
・心のケア
・スピリチュアリティの向上
・精神の解放
・ヴォイスマナー力の育成

②自己実現に向けての朗読（療法）学習
・ストレスの発散、解消
・スピリチュアリティの向上
・生きがいの提供

朗読療法における朗読（セラピー朗読）とは

朗読療法士が行う朗読と一般の朗読の違いは、一般の朗読が、自己の楽しみや朗読技術の向上を目指して行われるのに対し、朗読療法ではあくまで対象者のためにその抱える症状の改善を目的とする。よって見立てをしっかり行い、セラピーとしての目的を明確に持つ必要がある。

朗読療法を進めるにあたっては、朗読する作品が必要である。作品はセラピー効果を上げる上でも大切な役割を担うので、事前に対象者の状況を十分把握、検討した上で選択する必要がある。その上で、自分が作品を通して相手に何を伝えたいのか、どう変わって欲しいのかという目的をはっきり持って朗読に臨むことが大切である。その際、対象者の精神面、身体面、教育面などあらゆる角度から配慮していくことが望ましい。

セラピー朗読は、聴き手と語り手の相互関係によって成立するものであり、決して語り手の一方通行ではうまくいかない。声は、本人は気づかなくても語り手の精神性をそのまま聴き手に伝える。自分が評価されたいとか自分の世界に酔ってしまう独りよがりの朗読はセラピーには不向きである。常に対象者の反応にアンテナを向け、自身の朗読を顧みながら行う姿勢が大切である。そういった謙虚な姿勢が、聴き手の心を捉える豊かな音声表現につながっていくのである。

対象者の心の状況にふさわしい作品であれ何であれ、朗読すればそれが療法になるというものではない。何を語ったかが重要なのではなく、それがどのように語られたかが重要なのである。つまり、聴き手に豊かなイメージを構築させる力が朗読療法では決め手となるからだ。

また、セラピストは、常に人の心のケアに当たるものとして自覚を持ち、朗読技術のみならず精神性を高める修行を積むことが大切である。その上で、心を込めた声を相手の心へ贈るという気持ち、その思いは言葉を通して聴き手の魂に訴えかけるはずである。人が朗読によって感動したり心を癒されたりするのはこういった思いが根底にしっかりあってのことだからである。そこにセラピー朗読の出発点がある。本書で取り上げるカウンセリングにおける朗読は、こういった根本姿勢の上にたってはじめて成り立つものである。

心の遊びとしての朗読療法

人は様々な問題を抱え生きている。時には抱える問題に心や体が打ちのめされ、生きていく気力さえ失われてしまうこともある。起こってしまった問題を元には戻せないが、自分の捉え方を変え、現状より楽な気持ちで生きることは可能だ。しかし、一口に捉え方を変えるといっても容易なことではない。まず本当の自分を知ることからはじめなければならないからである。つまり、自己への「気づき」である。

セラピストが、出来るだけクライエントの心の状況にふさわしい作品を選ぶ意味合いは、この「気づき」を容易にするためと言えるであろう。クライエントの霧に包まれたような混沌とした世界を見えるようにしていくためには、物語りの世界はごく自然に心の世界を映し出してくれる。誰しも直接自分の心に目を向けなければならないというのは結構きつい作業である。出来ることなら、楽に自然な方法で解決できればそれに越したことはない。そういった意味では、物語りの世界を楽しむことから入っていく朗読療法は、自然に本来の自分を取り戻していくことが出来る『心の遊戯療法』と言えよう。

筆者は、現在、個人、集団（グループ）に対し、朗読セラピーを数箇所の病院や社会福祉施設で行っているが、どの現場も朗読セラピーの時間は明るい笑い声に包まれている。つまり、物語りという非日常の世界に心を遊ばせることで、日常の心の緊張が和らぐからかもしれない。常に緊張しやすく肩の力を抜くことが不得手な人たちにとって、朗読療法の時間は、心のリラックスタイムとなっているようだ。

朗読セラピーを受けた後の参加者の言葉は、皆共通して「気分が楽になった」「楽しかった」だ。こういった心から楽しい気持ちを創り出す「朗読療法」は、日常あまり動かすことのないあらゆる感情を動かす体験が出来るところに、本来の生き生きした自分を取り戻す鍵があるのかもしれない。

言葉遣いより「声遣い」の重要性

最近、筆者の元へ訪れる若者の相談の中に、親を殺したいほど憎いと訴えるケースが少なくない。しかし、それは反対に、愛されたい、受け止めてもらいたいという強い願望の裏返しでもあることは面接を進めていくうちに見えてくる。親の発する声から自分はいらない存在、そういった信号をなぜか受け取っているからである。

自分は本当に親から愛されていないのではという不安は、子どもにとっては深刻な問題である。血のつながった親からも愛されない自分はきっと無価値な人間に違いない、そんなレッテルを自分に貼ってしまうのだ。自分を受け容れることさえできなくなってしまった彼らは、心の歪みを埋めるため自己に向かうか他者に向かうかしか術がない。自己に向かって自分を傷つけ、他者に向かって人や物を傷つけてしまう。自分の存在を受け容れてほしいがため、様々な形で親の愛を確認しようとする子どもたち。どこかで親と子どもの心がすれ違ってしまった結果である。

親はそういったわが子の行為に気づかずにいることが多く、問題が深刻になってからあわてて専門家の扉をたたくといったケースが多々ある。

そういった親子関係のひずみを分析していくと、声による家庭内コミュニケーションがうまく形成されていないことに突き当たる。声に関して無関心かあるいは声が蔑ろにされているケースである。

温かい声の触れ合いこそ、信頼できる親子関係を育み豊かな家庭内コミュニケーションを形成するのである。

自分の声遣いに気配りができる人は恐らく人間関係もスムースに運べる人だろう。自分の声が他者にどういった影響をもたらしているかということは、意外に自分では気づきにくいものだ。何気なく遣っている日常の声が、無意識のうちに人の心を傷つける凶器になっていることさえもある。

特に最近、企業でもこの分野の教育が抜け落ちていたこともあって、言葉の応対上の様々なトラブルを抱えているところも多いようだ。たかが声と思いがちだが、我々は言葉遣い以上に声遣いの重要性に気づかねばならない。

親子関係のみならずあらゆる人間関係において、声が果たす役割は重要である。筆者は朗読療法の事例を通して、多くの人たちに、声が心に及ぼす重要性を知ってもらい、自分の声の遣い方を見直すことで、他者とのかかわり、豊かな心の保持に役立てていただけることを願っている。

朗読療法における「朗読の癒しの効果」とは

朗読療法における朗読は、クライエントにとって「朗読する」あるいは、「朗読を聴く」という関わり方がある。それぞれどのような心理効果が期待できるかを述べてみたい。

朗読する効果

・声はしっかり身体の内から外に発することで、心身をリラックス、活性化させる
・朗読することにより常に言語中枢が刺激され脳が活性化される
・朗読は、目から入る文字を瞬時にイメージ、即音声化するので反射神経が高められる
・日常会話以外の言葉を声にすることで気持ちの解放ができる
・登場人物の気持ちになって音声表現することで、人の気持ちを察することが容易になり、人の心の痛みにも敏感になる
・月や星や葉っぱなど様々な自然物や生き物になってその気持ちを声で表現することで、人間以外のものの存在を身近に感じ、いたわりの心や命の大切さを育む
・人間本来の自己表現欲求が満たされることで心の充足感満足感が得られ精神の安定につながる
・様々な役の声に挑戦することで、新しい自分発見ができる
・登場人物の心理を探ることで、日常生活においても自身を客観視でき、物事を落ち着いて捉えられるようになる

・人が耳を傾け喜んでもらえる体験は自信にもつながり、さらなる意欲をもたらす
・自分が以前に体験した感覚や感情を思い起こして言葉にすることで精神的解放感が得られる
・五感を使って音声表現することで五感が研ぎ澄まされる
・役の気持ちになって様々な感情表現を試みることで、自身の感情コントロールに役立つ。また、他者の音声感情を読み取る力を養う

朗読を聴く効果

・肉声による心のこもった語りかけ（声の触れ合い）は、安心感、満足感もたらし、自己受容を高める
・物語りという非日常の世界に心を遊ばせることで、気持ちがリラックスし、心が解放される
・五感を使って聴くことで、五感が研磨され、感性が豊かになる
・登場人物の心を感じることで、自身や他者の心の理解につながる
・登場人物に自己を投影することで見えなかった自分の心が見えるようになる

・作品を介することで、直接目を向けられなかった自分の心に自然な形で向き合うことができる
・言葉から想起されるものによって、あるイメージは、思いだす必要のある過去を引き出し心の解放を促す
・ストーリーをイメージして聴くことで、日常でも人の話を聴く際に、イメージして聴くことが出来るようになり、円滑なコミュニケーションに役立つ
・朗読作品を通して自分の問題の解決策が見えてくることがある
・作中の登場人物たちの心に触れることで、人との接し方や物事の捉え方、自分の生き方を学べる

第二節　セラピー朗読への扉──心に響く朗読を目指して

一般の朗読と朗読療法における朗読では前項で述べたように目的が異なる。朗読療法における朗読が対象者のためという目的がある以上、その役割を十分担わなくては

ならない。そのためにも、聴き手の心に届く朗読を目指してほしい。

ここではまず、朗読する前に頭に入れておいていただきたい事柄について述べる。

朗読とは

まず、朗読とは何かを音読との比較で考えて見たい。広辞苑を引くと『音読』は、声に出して読むこと。黙読との対比語。「朗読」については、「特に読み方を工夫して趣あるように読むこと」とある。また、字のごとく、朗々と読むとの意もあるが、それは作品によりけりで、何でもかんでも朗々と読んでいては作品性は台無しになってしまう。

つまり、音読は、文字を音声化するという、広い意味で捉えた音声表現の世界を意味し、一方、朗読はただ音声化するだけでなく、そこに表現の工夫が必要となってくる。

要するに声に出すと言う観点からすると「朗読」も広い意味では「音読」の一形態である。しかし、同じ声に出して読む作業でも、そこにはベースとなるものが異なる。つまり聴き手があるかないかということだ。音読は文字を音声化するが、それはあくまで自分のための試みであり、そこに聴き手の存在はない。それに対し朗読は聴き手を意識する。すなわち、朗読はただ文字を音声化するだけでなく、聴き手にどう表現したら作品をよりよく味わってもらえるかを考え、表現の仕方を工夫しながら読む作業なのである。

朗読するにあたって大事なこと

「朗読」は、朗読という概念があまりに広すぎるため、ややもすると声に出して読めばどんな読み方でも、また、どんな音声表現レベルでも朗読という言葉で一括されてしまう。種種雑多な読み方と一緒にされたくない自己主張も当然ある。その結果、朗読以外にいろいろな呼び方が生まれているので、特に朗読を学習している人の中には自分の読み方が何読みに属するのだろうかと思い悩んでいる人も多いだろう。もし、心に響く朗読を目指したいと考えるなら、自分の読み方が何読みであろうかということより、そこに聴き手の心を感じて読んでいるかどうかをふり返っていただきたい。つまり、気持ちの置き所が自分に向かっているか、聴き手に向かっているか、そこが心に響く朗読か否かの別れ道だからである。

先ほど、「音読」は聴き手を意識しないが、「朗読」は聴き手を意識したものであると述べた。その聴き手とは物理的な意味合いではない。聴き手があっても自分だけの世界に酔っていれば、聴き手はいないも同然である。聴き手を意識するとは、決して独りよがりに読むことではないはずだ。聴き手が存在するということは、そういうことだ。自分のうまさをひけらかしたい気持ちが先行すると、押し付けがましい感じになったり、技巧的なことばかりに捉われてしまうと、心に伝わらないうわべだけの語りの印象が残る。

また、個性を打ち出すことばかりに一所懸命になると、作品から離れて自己満足の世界に陥ってしまう。なぜなら指紋と同じく人間の声は一人として同じ声の人はいないからである。10人いれば10人の個性があるはずだ。そこに、自分は人と違うということをわざわざ強調する必要はない。自分はこうだと強調すれば強調するほど聴き手の心は作品に入っていけなくなってしまう。語り手の癒しにはなっても聴き手は疲れるばかりである。語り手は、作品の中で自由に心が動かせるように心の力を抜き、むしろ自分から離れる必要がある。自分の心を自由に動かすことが出来なければ、作品の心を聴き手に伝えることは出来ない。聴き手がいても音読の世界だからだ。

聴き手の心の奥に届ける朗読をするためには、常に聴き手の立場になって語っているかどうかを自分自身に問いかけてみることが何より大切であろう。

登場人物の声の遣い分けについて

朗読にはこう表現しなくてはならないという制約は何もない。自分が作品をどう捉え、どう音声表現したいのかが大切であり、それによって表現方法も変わってくる。ただし、聴き手の心に届く朗読をめざすなら、常に聴き手がイメージしやすいということが前提となる。登場人物の声も作品にふさわしい声の遣い分けは必要だ。ただ声を変えれば、声を作ればいいということではない。登場人物を明確に捉える必要がある。どういった登場人物（人であるかそれ以外のものか、年齢、性別、特徴、生業など）か、どんなキャラクターか、また、言葉の背後の心理状態を分析することも必要である。そういったことをベースに、登場人物にふさわしい声を考えるのである。

それは聴き手を作品世界に誘うためには大事な要素である。聴き手にとって一番イメージし難いのは、登場人物が二人以上の場合、耳から聞こえてくる登場人物の声にあまり差がなく人物像がはっきり伝わってこない場合である。それはもちろん声だけの問題ではない。語り方の工夫は言うまでもなく当然必要である。その両方が極められればいい訳だが、特に声の遣い分けは高度な技が求められるので、まずは語り方の工夫から徹底してはと思う。そのためにも登場人物のキャラクターや心理状態をよく把握することが重要であり、それぞれ人物によって違いが出るように自分なりに研究することも必要である。

声の遣い分けに関しては、声を自由自在にコントロールできる能力が求められる。声を自由自在にコントロールできる能力を身につけていれば、対象者の要望に合わせどんな語りも出来るはずだ。淡々とした語りから臨場感のある語りまで、自分がイメージするように自在に声を遣い分け、描けることが大事なのである。

感情移入について

朗読する際、感情移入した方がいいかどうかという質問を、朗読学習している人から時々受けることがあるが、心に伝わる朗読を目指すためには、いかに作品世界にふさわしい語りが出来るかどうかが問題だ。それはただ単に感情移入するしないの問題ではない。聴き手に登場人物の気持ちや感情を忠実に伝えるためには、まず登場人物の心理を読み取る作業が必要となる。その上で、語り手は常に自分の語りを冷静に判断するもう一人の自分を持たねばならない。つまり演出家の自分と演者としての自分である。それは気持ちと表現の一致でもある。ただ単に感情移入するかしないかということに囚われると、読み手は感情に溺れたり、あるいは何の感情も伝わってこない無機的な語りになってしまう危険があるからである。

多くの場合、作者は自分の本当に伝えたい思いを登場人物に託し語らせることがある。よって登場人物のセリフをどう表現するかは重要である。その思いを語り手が聴き手に伝えられなければ聴き手は作者の心のひだに触れることは出来ない。文字からは見えてこない微妙な感情を音声は伝える。そういった微妙な感情の揺れを伝えられてこそ、音声で作品世界を描く意味がある。要は、聴き手が自然に作品世界に入り込めること、それに尽きるのである。

第三節　心理療法としてのセラピー朗読の役割

――心を開くきっかけとなった物語り朗読

次にセラピー朗読が心理療法としてどのような役割を果たすかについてだが、そのためには「声の効果」と「作品の効果」に触れておかねばならない。ここではそれぞれの果たす役割について具体的に事例を交えながら進めてゆく。二つの事例に使用されている物語りは、今西祐行作「ぬまをわたるかわせみ」である。

物語りのあらすじ：舞台は鉛色の厚い雲に覆われた晩秋の沼のほとり。水面に真っ赤なもみじを照らし出す一条の陽の光。その下で、母を失ったかわせみの複雑な心模様が展開する。生き物の世界にとって冬は過酷な季節。お腹をすかせたかわせみが狙うのは沼に住む魚の母子。しかし、幸せそうな親子の会話を耳にするうち捕らえる気持ちが揺らぎ始める。厳しい冬を前に一人ぼっちの寂しさを募らせるかわせみ。とうとう空腹に勝てずかわせみは魚を捕らえようとするが、なぜか母に甘える魚の子どもの声が耳に響き、魚を捕らえることが出来ない。

朗読療法における「声の効果」とは

心の病を抱える人は、さまざまな精神的身体的症状に苦しんでいるが、実際、病を抱える人の多くは、その症状がいったいどこから起こってくるのか、何故起こってくるのか分からない。分からないから、よけい不安に苛まれてしまう。その不安はさらに症状に反映し、徐々に社会生活にまで支障をきたしてくる。人間誰しも自分の内面に目を向けることはそう簡単なことではない。目を背けることの方が簡単だからだ。目を背けたいという潜在意識もあるだろう。しかし、背けてもその歪みは身体症状を伴って表れてくる。

症状は、見えない心のメッセージである。少しでも不安を軽減していくには、この見えない混沌とした世界を見えるようにしなければならない。つまり、まず本当の自分に気づくことからはじめる。それは真正面から自分と向き合い、あるがままの自分を受け容れていかなければならない作業である。しかし当人にとっては並大抵の作業ではない。出来るだけ自然な形で出来るのが理想である。

朗読療法は、セラピストがクライエントのために選択した作品を声で語り掛ける。クライエントはただ物語りの世界を楽しめばいいのだが、物語りに心を遊ばせているうち、ふとストーリーとは関係のないイメージが思い起こされ、内省のきっかけになることがある。語り手の意図するものを超えて聴き手の過去の経験から喚起されるもの、ここに心の扉を開く一つの重要な鍵がある。朗読療法における朗読の力とはこのイメージの喚起力にある。

イメージの表出は言語と深いかかわりを持っている。朗読は言葉である。言葉は言語を包む音が一体となって生まれる。もちろん言葉には意味内容を伝達する機能がある。しかし単なる意味を超えたものを伝える作用もある。たとえば、光、虹、砂漠なら、まずそこから言葉自体が持つ意味するものが聴き手に伝達される。と同時に、その言葉から意味されるものも伝達される。意味されるものとは、言葉から想起されるものである。たとえば、光は暖かさ、虹は希望、砂漠は暑さなどを伝達する。そのほか、そういった一般的なものから、過去の経験から来るものもある。この過去の経験から来るものは人によってまちまちである。しかし、意識の底に眠っている記憶の中にはその人にとって思い出す必要のある過去がある。そういった意識下に眠るイメージを喚起させるもの、それが朗読療法を行うセラピストに求められる朗読の力なのである。

朗読療法の目指すところはクライエントの心の変容である。外に出たがっていたイメージは、語り手から醸し出される豊かな声の響きによって、ある形をもって表出してくる。この表出したイメージが、聴き手の心に意味あるものとして変化をもたらすのである。

【事例1】

声の効果　心の抑圧からの解放—思い出す必要のある過去もある—

川上良一さん（58歳）は、小学校の校長先生で筆者の朗読療法を学んでいた。川上さんがはじめて朗読療法を体験した日のことである。筆者は、授業の中で「ぬまをわたるかわせみ」という作品を、受講生たちに向けて朗読した。後から知ったのだが、「ぬまをわたるかわせみ」は川上さんがたまたま以前から知っていた作品だったそうである。自身で黙読したときには特にどうということはなかったということで、なぜか筆者の朗読で聴いた時には、聴きはじめから身体中に衝撃が走ったという。そして作中の『かあちゃん……』という声の響きがいつまでも脳裏に焼きついて離れなかったということだった。その声の響きはその後もずっと川上さんの耳元に聞こえ続けていた。「なぜ、その言葉が……」川上さんは不思議な気持ちだった。いくら考えても分からない。その後、どうしてもその疑問を晴らしたいと思った川上さんは、筆者の元を訪れた。

川上さんが筆者に向かって、「先生、作品の中で魚の子どもが、かあちゃん……」と、言いかけたとたんだった。急に言葉が詰まって、川上さんの目に涙が溢れ出したかと思うと、急に号泣し始めた。何度か口を開こうとはするが、声はかすれて言葉にならず、ひたすら泣き続ける川上さんに、筆者はただ見守る意外に成す術はなかった。泣き続けてちょうど2時間が過ぎようとしたころ、ようやく川上さんの口から、どうにか聴き取れるほどの言葉が出てきた。

「先生、もう大丈夫です……私はこれまで、一度も涙を流したことはありませんでした。いったいこの涙はなんだったんでしょうか。人前で涙なんて絶対出すものかとずっと思い続けてきました。涙は男にとって弱さです。男が人前で泣くなんて一生の恥だと思っていましたから。それが自分の意思でどうにもならないなんて……こんなこと、これまでの自分にはなかったことです。……でも、なぜか、今、何だかとても気持ちがいいんです。身体中が軽くなったようで、肩の凝りもすっかり消えているし……一体何が起こったのでしょうか……」

涙も収まり、何とか落ち着きを取り戻した川上さん。しかし、自分の意思で自分の感情をコントロールできなかったことに対しては、キツネにつままれた様な感じだったと言う。

そんな川上さんに、筆者は尋ねた。

「川上さんのお言葉の中にちょっと気にかかるところがあるんですけど……どうして人前で泣くと一生の恥って思うんですか？　泣く男はみんな心の弱い人なんでしょうか……本当の強さって泣くとか泣かないとか、そういう次元ではないと思うんですけど……」

筆者の言葉に、川上さんは一瞬びっくりしたような表情をされたが、そのあとは空を見つめたまま何か考え込んでいる様子だった。しばらく沈黙が流れ、その後おもむろに口を開き始めた。

川上さんは44年前、病気で母を亡くしていた。

当時まだ中学生だった川上さんは、母親のガンのことは知らされていなかった。母が病院から戻る日をひたすら心待ちしながら、夕方、学校から帰ると、父と一緒に病院に行くのが日課だった。そんな川上さんが、奈落の底につき落とされたような衝撃を味わったのは、いつものように父親と母親の見舞いに行くため歩いていた時だった。秋も末の、星が冴え冴えとした晩のことである。何気なく母の様子を聞いた川上少年に、返ってきた言葉は信じられないものだった。『……かあさんが家に帰るときは死んだ時……』とぽつりと言った父の言葉……川上さんは、涙が胸の奥から一気に突き上がってくるのを感じた。その瞬間のことである。「男だったら泣くな！」と、父の大声が、涙があふれ出すよりも先に、頭の上から降ってきた。「泣くのは男の恥だ、弱さだ！　……」と。

胸から突き上ってきた生温かなものは、喉もとの所で引っかかって止まった。川上少年は必死で涙をこらえた。次の角のパン屋まで泣かずに行けたらもう絶対大丈夫と自分に暗示をかけ、天空の星を仰ぎながらひたすらパン屋に向かって走った。

その後、母の葬式にも父の葬式にも涙はいっさい見せなかった。親戚やまわりからは、両親を亡くしても涙も出さない「冷たい子」というレッテルを貼られた。

それ以来、川上さんは今日まで、人に涙を決して見せることなく生きてきたのだった。努力家で、弱音を吐くこともなく、まわりからの評価は常に〝強い人〟だった。しかし、世間からそういった評価を得ても何か癒されない。いつも心に重い鎧をつけているようで、常に体のどこかに力が入っていた。本当の自分じゃないとわかっていても「男は弱さを見せたら負け！」という声が、いつもどこからともなく聞こえてくるのだった。

２時間流し続けた川上さんの涙……それは恐らく、川上さんにとって本当の自分を取り戻すために必要な涙だったのかも知れない。

川上さんの事例は、人の心に『声の響き』がいかに重要であるかを物語っている。同じ物語りを朗読しても、聴く人の心の状況によって感じる所やその反応は様々だ。川上さんの場合は、「かあちゃん」という声がなぜか脳裏に焼きついて離れなかった。その時点では川上さんにはどういうことなのか見当もつかない。

川上さんは44年前、涙を飲み込むために、母を胸の奥底に葬り去らねばならなかった。弱さから逃げ出すことは母を忘れることだったのかも知れない。しかし、たとえ表面上忘れていても、川上さんの意識下では最愛の母は生き続けていた。それを教えてくれたのは魚の子どもである。魚の子どもの純真無垢な「かあちゃん……」という声の響きが、川上さんに真実の心を呼び戻したのだろう。

今回の体験を機に、44年間纏っていた心の鎧をはずし、本来の自分を取り戻すことが出来た川上さんの表情は晴れ晴れとして見えた。

川上さんは言う。

「人間誰しも人生のどこかで、本当に泣きたいと思う時があると思います。私はその涙を止めることが本当の男の強さだと思い込んでいました。その観念に44年間縛られ続けてきました。先生の魚の声を聴かなかったら、未だ頑なに重い鎧を着けたまま生きていたと思います。先生の声の響きは、今まで身体の奥にせき止めてきた涙を思い切り外に出してくれました。全部吐き出してしまったら、そこには何物からも縛られない自由な自分がいることに気がつきました。やっと、本当の自分に帰ったような気がします。先生、もう、心に鎧を着けなくても大丈夫です。自分に素直に生きることが、何より大切であるということを気がつかせていただきましたから……この次は「かあちゃん……」という声を聴いても、もう大丈夫です」

その後しばらくしてから、筆者は川上さんにある変化が起こっていることに気がついた。

それは、川上さんにはじめて会ったときから気にかかっていた川上さんの声である。何かが喉の奥に引っかかって締め付けているような感じのかすれ声が時々出ていたのだが、それがなくなっていたからだ。語り方も落ち着いて、堂々とした風格さえ感じられた。

「先生、最近私が電話に出ると電話をかけてきた相手がびっくりするんですよ。声が変わったって……同じ人と思えないって言われます。落ち着いた聴きやすい声になったって……朗読学習の成果かも知れませんね」と嬉しそうに笑う川上さん。性格まで明るくなったような気がした。

今回の川上さんの事例は、声と心と身体が深く関わりあっていることを教えてくれた。

最後に、川上さんがある機関紙に投稿した手記を紹介しよう。

手記

「朗読療法」を受けて

川上良一

朗読「ぬまをわたるかわせみ」を聴きました。私は、読み聞かせや、朗読を、度々聞く機会がありました。ところが、先生の朗読は聞き始めから全身に衝撃が走りました。それは、澄みきった純粋な声の響きにまず驚き、聴き入っているうちに情景描写が五感から伝わってきました。季節の色、匂い、登場人物のそぶり、性格までもが伝わってきて、更に、驚きから感動へと変化しました。

「ぬまをわたるかわせみ」は秋から冬への季節の移ろいの情景描写がすてきです。挿絵からも、燃えて美しい秋色の表現に魅せられ好きな絵本の一冊です。朗読を聞くことを通して、主人公のかわせみが親を亡くした喪失体験からの孤独。そして一人で生きる厳しさが私に鮮明に伝わってきました。なかでも、さかなの親子が浮かんでくる場面では、かわせみが親魚を捕らえられなかった内面がひしひしと伝わってきました。「はっと」した緊張。「ほっと」した弛緩。日常の自然界に潜んでいる生死の世界に胸が引き締まりました。この朗読を通して更に、「生活と自立」「家族」「自我・自己形成」に思いを寄せることもできました。

かつて「先生、朗読の箇所で『かあちゃん』という言葉が脳裏に焼きついています。なぜでしょうか」と問いかけようとしましたが、言葉にならず、とめどもなく涙が溢れてきました。母の死、父の死でも涙を流さなかったわたしだったので驚きました。

この涙は、何……。

中学三年の時、母は入院していた。星の美しい秋の夜、母を見舞いに行く途中、父に母の様子を聞きました。父は、「母さんが家に帰る時は死んだ時……」とぽつりと言いました。私は、天空を仰ぎ涙が溢れるのを必死でこらえました。それ以来涙を見せないで生きてきました。

この朗読を通して頑なな鎧を着ていた鎧をはずした感じです。いっぱい涙が出たあと鼻から白い蒸気がふわっと出てその後、のど、肩、首が軽くなりました。不思議な体験となりました。数えてみると四十四年が過ぎていました。

朗読は、音声言語を楽しむ表現の一つとして捉えていました。

しかし、葛藤を乗り越えて大いなる自信と一回り大きくなっていく肯定的自己を発見していく旅への伴走者の一人として私を支えてくれる糧となりました。（小学校校長）

朗読療法における「物語りの効果」とは

朗読療法における朗読作品のジャンルは主に「物語り」である。なぜなら、物語りの世界は誰にでもイメージしやすく、親しみやすい世界だからだ。我々が物語りを身近なものとして捉えることが出来るのは、人が人生で出会う様々な問題がテーマとなっていることによるだろう。物語りは人間ドラマの宝庫といえる。そこには人間の様々な心模様を見ることが出来る。つまり、物語りに心を遊ばせることは、自分の「内的世界」に目を向けることでもある。人は自分の心の中に何か問題を抱えていたり、生き方に迷いを持っていたりすると、本能的にその状態から脱したいという欲求が働き、無意識に解決の糸口を模索しているものである。ただし、見えない心の問題を解決するためには、まず本当の自分に気づく必要がある。しかし、自分を直視しなければならない作業は誰しもきついものがある。そういった意味合いでは物語りは間接的に自分を知ることが出来る最適な方法といえるだろう。たとえば、物語りの登場人物に自分を重ね合わせていくうち、そこから問題解決の糸口を見出すこともある。もちろん、物語りそのものに解答があるわけではない。色々思いを巡らしていくうちに、それまで何となくぼんやりとしか見えなかった自分の心の世界が、はっきり形あるものとして見えてくることがある。そのためにも、できる限りクライエントの心の状況にふさわしい作品をセラピストは選択する必要がある。どうすることも出来ない自分と向き合っている時に出会った作品が、心を揺り動かし、本当の自分に気づかせてくれる。また、現在抱えているこだわりから解放し、あるがままの自分を受け容れていくことを可能にしてくれることもある。朗読療法において、作品は心を開くための一つのきっかけとして重要な役目を担う。クライエントにふさわしい作品を選択する感性とそれをクライエントの心に届ける「語る力」が朗読療法士には求められる。

【事例２】

物語りの効果　**うつを乗り越えて**―かわせみが教えてくれた本当の私―

高橋奈美さん（48歳）は6年前に夫をなくし、その後立て続けに同居の夫の両親も失った。現在、二人の子供は成人し就職、彼女のもとから離れ、それぞれ別々のところに住んでいる。

高橋さんの嫁ぎ先は北国で、御自身の郷里とは遠く離れていたが、郷里の母親も亡くなっているので他に行くあても無く、そのままその地に残ることにした。

子どもたちが家から離れていった頃から、虚しさ、孤独感がそれまで以上に強まってきた。それに伴い、睡眠障害、イライラ、無気力感に悩まされ、更には身体にも発疹が出るようになった。発疹の痛みで、仕事中も集中力や注意力が散漫になることもたびたびであった。職場では実力もあり努力家の高橋さんは、常にまわりから期待される存在だった。そういったこともプレッシャーとなり、すべてを完璧にこなそうとすればするほど気持ちはあせり、身動きできない状態へと追い込まれていった。思い余った高橋さんは、上司に相談して配置換えをしてもらったが、身体症状は相変わらずだった。特に、夫をなくした春先になると、大きな喪失感とやるせなさが襲ってきた。皮肉なことに夫が旅立った木の芽時は、あらゆる生命の息吹に満ち溢れている時でもある。それが余計にわが身の惨めさを浮き彫りにするからだ。自分だけが孤独の運命の中に放り込まれている様な気がする。しかし、その喪失感は一時だけで、夫の命日が過ぎれば、それもどうにか元に戻る。問題は、冬が近づいてくる頃からはじまる言い知れぬ虚しさと孤独感である。いったんその虚しさと孤独感に襲われると、精神肉体ともに影響が出て、苦しさに苛まされる日々が冬の間中続く。薬を飲んでもあまり効果なく、半年間はつらい地獄の責め苦に遭っているようだと訴える。

高橋さんは、幼い頃に父親を亡くし、それから母の手ひとつで育てられた。小学校時代、仕事を持つ母親は家にいることも少なく、いつも一人ぼっちだった。いじめの辛さを受け止めてもらえる人もなく、ひとり寂しく過ごす部屋のなかは、寒々として、暗く冷たい感じがした。

高橋さんが中学生になったとき、母親は再婚したが、その新しい父親もすぐに亡くなってしまった。その頃、どんなによその家庭がうらやましく思えたことだろう。両親揃った家庭はあたたかい。自分の家は父が欠けているから暗く冷たいんだと納得した。彼女にとって理想の家庭は、両親揃ったにぎやかで明るい家庭であり、それはイコール暖かさの象徴でもある。そこにしか自分の幸せは実感できないと思った。

成人した後も波乱万丈だったと語る高橋さん。最初の結婚は失敗。2度目の結婚で、ようやく理想の家庭像が現実のものとなったはずだったが、またもや夫の死とともに消えてしまったのだ。高橋さんは夫の死後、6年たった今もその現実をどうしても受け容れることが出来なかった。「自分だけがどうして……」その思いは募るばかりである。

高橋さんは苦しんでいた。恐らく自分自身の苦しさがどこから来るのかわからないからだろう。高橋さんの面接で気にかかったのは「私だけが……」という言葉が頻繁に出てくることだ。そこに何か解決のキーワードがあるように思えた。高橋さんの課題は、見えない心を見えるようにしていくこと、つまり、本当の自分自身と向き合うことだと思った。

筆者は、高橋さんの心理面接を行いながらある物語りを心に浮かべていた。それは「ぬまをわたるかわせみ」という物語りである。

高橋さんは筆者が朗読している間、軽く目をつぶり、じっと耳を傾けていた。聴き終わると、ゆっくりため息をつき、無言のまま遠くの方をぽーっと見つめていた。筆者はその間、高橋さんの様子を静かに見守っていた。しばらく沈黙が続いた後、高橋さんの声が静かな空気のなかにゆっくり溶け込むように流れてきた。

「そうなのよねぇー。すべてが、ねぇ……閉ざされてしまうの……」高橋さんはひと呼吸つくと、自分に言い聞かせるように語り始めた。

声で聴く物語りは彼女に鮮明なイメージの世界をもたらしたようだった。高橋さんの心には、物語りの情景がまるで自分がその場面にいるかのように強烈に映ったと言う。

「かわせみの気持ちがねぇ……すごくよく分かるの。」

高橋さんは、物語りを聴きながら孤独なかわせみに自身を重ね合わせていたのかも知れない。カワセミの心情と自分は同じだと話す。

冬が近づいてくると、なぜ、虚しさ孤独感が襲ってくるのかその意味がなんとなく分かったように思えたと言う。「すべてが閉ざされてしまうのよねぇー」「どこもかしこもねぇ、外には人もいなくなって、長い間暗くて冷たくて、家の中も寒々として……」「……だからなのかもしれない」と。

しかし、北国に住む人すべてが高橋さんのような症状を持つわけではない。問題は高橋さんの無意識の世界の中にある。

高橋さんは、両親が揃った家庭にしか幸せは存在しないと今も思い込んでいる。だから自分だけが常に不幸であると決め付けているのだ。暗く冷たく閉ざされている北国の冬……それは幼少期に一人ぼっちで待っていた暗く冷たい部屋を象徴している。そしてそれは高橋さんの閉ざされた心でもあった。

高橋さんの様々な症状は、幼少期を象徴する閉ざされた冬を迎えることへの抵抗のように思われた。

高橋さんの問題の解決はまず、高橋さんの囚われている観念をなくすことにある。今ある自分を受け容れ、不幸なのは自分だけではないということ、自分を不幸にしているのは自分の考え方にあるのだということを。

高橋さんは面接を進めていくうち、やっと、本当の自分に気づき始める。物語りを通して、客観的に自分の姿が見え始めてきたからだ。

物語りを聴いて、孤独なのは何だか自分ひとりではないように思えてきたと語る高橋さん。つらい境遇を生きているのは自分だけではないということをかわせみは高橋さんに教えてくれたようだ。沼に射す一条の太陽の光は高橋さんの心にも希望の光として映ったのかも知れない。

人には引き受け難い自らの運命や宿業を生きなければならない時がある。自分の力ではどうにもならないもの、その一つ一つを受け容れながら、今ある自分に感謝して希望を失わないこと。それが自分を一番大切にすることだと高橋さんは気づいたのである。

その後、高橋さんは、懸命に努力してカウンセラーの資格取得に挑戦した。現在は身体の症状も回復し、自分の体験を生かしながら心悩める人たちの力になっている。自分だけが……という囚われの観念を克服し、新しい可能性に向かって着実に一歩づつ歩き始めた。

最後に、高橋さんから筆者の元に届けられた手紙文を紹介する。

手記

「朗読療法」を受けて

高橋奈美

先日はいろいろお世話になり、どうもありがとうございました。

先生の朗読によって得た不思議な感動をお伝えしたくて手紙を書きました。

私が先生のカウンセリングを受けてみようと思い立ったのは〝朗読療法〟という言葉に興味を覚えたからでした。それは長年の間、既製の心理療法ではなかなか解決できずに、心の底に潜んでいた、どうにもならない感情や虚しさを持て余し、うつうつと過ごしていた私に、かすかな希みを与えるものでもありました。そのどうにもならない虚しさや感情は人間の根源的な問題であり、解決できるものではないという事も十分知っていた私でもありました。それでも出来ることなら、たとえ解決できないまでも、意識せずに生活出来たらどんなに楽になるだろうと思っていたのです。なぜなら、一度何かのきっかけでその虚しさに襲われたなら、どんどん深みにはまり、容易に立ち直りが出来ず、一歩間違えると死の誘惑も頭を離れない状態にまでなってしまうからです。

それがカウンセリング二回目で先生の何とも云えず心地よい声の朗読を聴いて、

あっという間にその物語の世界へと誘われてしまいました。それは、「ぬまをわたるかわせみ」という先生が私のために選んだ物語りでその朗読は深く私の心に染み込みました。池の中に棲む魚の親子とかわせみのもつ、それぞれの宿命ともいえる習性に、偉大な自然の摂理を否応なく知らされたのです。私達、生きとし生けるもの全ては、各々のもつ宿業の中で、どうしようもないものを背負いながら生きていく存在であることを、改めて知らされました。理屈では分かっていたつもりの私が、身をもって体験したような不思議な感覚でした。

本来、引き受け難い自らの運命や宿業を素直に受け容れられる瞬間が先生の朗読の時間でした。朗読には単に癒しとも違う、自分の本質を見据えるような気づきを与えてくれる力があるように思います。もっと多くの人に先生の朗読で私のような体験をさせてあげて頂きたいと思いました。今度はカウンセリングの場ではない所で先生の朗読を拝聴したいと思っています。

本当にありがとうございました。

事例1、事例2に関しての考察

事例1、2で紹介した川上さんと高橋さんに共通している点は、二人とも真面目で大変な努力家だということ。志も高く、常に完璧にこなそうと頑張っていらしたことである。まわりの評価も高く、恐らくその影にはいろいろ御苦労もあったであろうと推察される。

今回、二人が朗読療法を受けて変わったことは心の捉え方である。二人ともある観念に囚われて人生を送ってきたため苦しんだのである。

その囚われの観念とは、川上さんの場合は、男は常に強くなければ負けという観念である。その定義から外れること、つまり、泣いたり、弱音を吐いたりすることは男の恥という考え方が生まれ、必死でがんばってこられた。能力は十分あってもどこか無理があったのではないかと思う。弱みを見せてはならないということ自体が、心にも身体にも緊張を強いることだからだ。川上さんは号泣した後、身体が軽くなったようで肩の凝りも取れて気持ちが良くなったとコメントされた。それは感情の抑圧が取れたことによる結果であり、まさに心身一如といえよう。しかし、人が何十年もの囚われの観念から抜け出すということは並大抵のことではない。筆者の前で流した44年間分の涙の重さを感じる。川上さんの人生を変えたのはたった一つの言葉の響きだった。それも物語りの中の魚の声である。魚の声もどんな声でもいいというわけにはいかない。物語りの魚の心情と声が一致していなければ恐らく成立しないだろう。そこが朗読療法の面白いところでもあり奥の深さかもしれない。

事例②の高橋さんの囚われていた観念は、こうあるべきだという家族像である。それが成立しないと不幸であるという図式は、自ら苦しみの方向へと追い込む結果となってしまう。高橋さんの課題は、まず、今ある自分を受け容れること、そこがスタートだった。しかし、この一見簡単そうなことがなかなか難しく多くの人は苦しむ。高橋さんもあらゆるカウンセリングを試し、頭では分かっていても深みにはまっていく自分をどうしようもできなかったと回想している。自分の心を客観的にイメージする作業は簡単ではない。しかし心を取り戻す上では必要な過程である。「声」と「物語り」の効果は、そういった難しい過程をイメージできる世界へと導いてくれるところにある。

朗読療法とは、前にも述べたように、単に読み手が聴き手にふさわしい作品を朗読すれば療法になるということではない。クライエントが本当の自分に気づくためには、作品と、聴き手に豊かなイメージを構築できる声の力が必要なのである。

次に、実際に「ぬまをわたるかわせみ」の朗読の仕方を作品とともに取りあげていくことにする。

この作品は大きく四つの構成で捉えることができる。それぞれのシーンをどのように捉え、声で描いたら良いかから述べてみたい。

Ⅰ　一条の陽の光にうかびあがる晩秋の沼のほとりの情景描写

この作品は美しい情景描写にその特徴がある。鉛色の冬の雲、金色の秋の光、真っ赤に燃える紅葉…色彩豊かで美しい絵画的世界を聴き手にも味わってもらえるよう、朗読する側も情景をしっかりイメージすることが大切である。

Ⅱ　沼に住む魚の親子の会話

魚の母子の会話で進められるこのシーンはそれぞれのキャラクターの声の遣い方、

語り方にポイントがある。

どこにでもある親子の会話のやりとりだが、母魚の声には子を思う母親の慈愛に満ちたやさしさが感じられるように。一方、魚の子どもは母の愛に満たされ伸び伸び育っている子どもらしい無邪気なかわいらしさが感じられるように朗読したい。なぜなら、飢えたかわせみが、狙った魚を敢て取り逃がすに至ったきっかけは、この母子の会話が耳に飛び込んできたことによるからである。それは会話の内容がというより声の雰囲気から伝わってくる母のぬくもりであり、愛であり、幸せな母と子の姿である。

この後、物語りが展開する上で重要な一コマであることを、念頭に置きたい。

Ⅲ　主人公かわせみのの心の葛藤

この作品の一番重要なポイントとなるのが、このシーンの最後に出てくる『かあちゃん』という魚の子供の声。この声が最終的に、飢えに勝てず魚を食べようとするかわせみの行動を止めさせる決め手となる。その声は、文面からも推測できるように恐らく自分の心の中で聞こえた声であろう。耳に聞こえた声は幼い頃のカワセミ自身の声だったかもしれない。母親に寄り添うように甘える無邪気な声の響きが聴き手に伝わるように表現したい。

Ⅳ　太陽が沈んだ後の沼の情景描写

この作品の最初と最後のシーンに登場しているのがお日様の存在。恐らく作者にとってこのお日様の存在は、常にどこかで私たちを見守ってくれている何かを意味するのであろう。カトリックの洗礼を受けた今西にとっては、それが神だったのかもしれない。

①ぬまをわたるかわせみ　今西祐行作《いまにしすけゆきさく》
（穏やかな晩秋）

Ⅰ　空《そら》には、もう、なまり色《いろ》の冬《ふゆ》の雲《くも》が一面《いちめん》に張《は》られていました。
それでも、時々《ときどき》、雲《くも》に小《ちい》さな裂《さ》け目《め》ができて、そこから②**お日さま**が、まだ、暖かい金色の秋の光を

具体的な表現上の工夫について

①タイトル：タイトルから作品世界に入っているということを認識し、作品をよく理解した上で一音一音を大切に声にすること

②お日様の存在は登場人物たちを

流しました。
そのたびに、沼のほとりの紅葉は、ぱっと、まるで火がついたように燃えて、美しいその色は、小さな沼いっぱいに映りました。

II ③「おかあさん、また、山《やま》が燃《も》えたよ。」
沼《ぬま》の深《ふか》いところに沈《しず》んでいる、魚《さかな》の子《こ》どもは、そのたびに、おかあさんを誘《さそ》って、急《いそ》いで水《みず》の上《うえ》まで、浮《う》かんでくるのでした。

④「ああ、本当《ほんとう》に、きれいだね。」
⑤「でも、水《みず》は冷《つめ》たいね。」
「そうだね。水《みず》もすっかり澄《す》んできた。今年《ことし》は霜《しも》がはげしいと見《み》えて、紅葉《もみじ》の色《いろ》が、特《とく》にきれいだね。
⑥このぶんだと、冬《ふゆ》はいつもより、早《はや》いかも知《し》れな

温かく見守る影の存在としてラストシーンにも再登場する。この作品にとっては大事な意味あいがあることを意識して

③まだ紅葉を知らない幼い魚の子どもは山が燃えたと勘違い。無邪気にびっくりするさまをあらわす

④心から感動して

⑤水の冷たさを感じて声にする

⑥冬の厳しさを身にしみて感じて

いよ。」
⑦「早《はや》く冬《ふゆ》がくるといいなあ。」
⑧「どうしてだい。おまえは、初《はじ》めての冬《ふゆ》なんだね。何《なに》も知《し》らないから、そんなことを言《い》ってるんだよ。
⑨……冬《ふゆ》になると、もう、こうして上《うえ》にあがってくることなんか、できないんだよ。夜《よる》が長《なが》くなって、お月《つき》さまの光《ひかり》が、だんだん、冷《つめ》たくなって、沼《ぬま》は氷《こおり》に閉《と》ざされてしまうんだよ。春《はる》がきて、お月《つき》さまの光《ひかり》が、ぼんやり潤《うる》むまで、それは、長《なが》い、長《なが》い、あいだ……
⑩さあ、また風邪《かぜ》をひくといけないから、帰《かえ》りましょう、坊《ぼう》や……」
「ぼく、もうちょっと見《み》てる。」
⑪「だめだめ、こわいこわい冬《ふゆ》がくるんだよ。」

いる母親は歓迎していない
⑦冬をまだ知らない魚の子どもは無邪気に喜ぶ
⑧子どもの喜ぶ様に理解できずに驚くが、すぐに、子どもが生まれてはじめて迎える冬だということに気がつき納得したように
⑨厳しい冬を思い出し独り言のように語る
⑩我に返る
⑪冬の厳しさを身にしみて感じている母親。子供をさとすように

Ⅲ　魚《さかな》の親子《おやこ》のお話《はな》しは、静《しず》かな沼《ぬま》に、小《ちい》さな波《なみ》の輪《わ》を作《つく》っていました。

先《さき》ほどから、じっと、この話《はなし》を聞《き》いていたのは、岸《きし》にたれ下《さ》がった木《き》の枝《えだ》に止《と》まっていた、⑫かわせみでした。

魚《さかな》の親子《おやこ》が浮《う》かんできたとき、すぐ飛《と》び立《た》って、とらえてしまおうと思《おも》ったのですが、波《なみ》を伝《つた》わってくる、かわいい魚《さかな》の話《はなし》を聞《き》いていると、

急《きゅう》に、⑬勇気《ゆうき》がなくなってしまったのです。

かわせみは、一人《ひとり》ぼっちでありました。

⑭「ああ、また、冬《ふゆ》が近《ちか》づいてきたのだなあ。
おかあさんと別《わか》れて、何回目《なんかいめ》の冬《ふゆ》になるかしら。」

と、冷《つめ》たい川《かわ》や、沼《ぬま》や、池《いけ》をもとめて、冬《ふゆ》にも一人《ひとり》で旅《たび》を続《つづ》けなければならない自分《じぶん》を　さ

⑫主人公の登場。言葉を立てて。

⑬魚を捕らえる勇気がなくなったということはこの作品では大事なポイントなので強調して

⑭母と別れてからの孤独な寂しさやつらさを再認識するように

びしく思《おも》うのでした。

かわせみは疲《つか》れていました。おなかもすいていました。

かわせみは、とうとう、小《ちい》さな波《なみ》の輪《わ》の中心《ちゅうしん》めがけて、⑮さっと飛《と》び立《た》ちました。

水《みず》とすれすれに、⑯あっという間《ま》に、音《おと》もなく近《ちか》づきました。

が、今《いま》にも、魚《さかな》をめがけて、くちばしを入《い》れようとしたそのとき、子《こ》どもの魚《さかな》のうろこが、きらっと光《ひか》って、
⑰「かあちゃん。」
と、いう声《こえ》を、聞《き》いたような気《き》がしたのです。

十分《じゅうぶん》、くわえ捕《と》ることができたはずなのに、かわせみは、そのまま、すーっと、一直線《いっちょくせん》に、向《む》こう岸《きし》まで、飛《と》び去《さ》ってしまいました。

⑮スピード感を出す
⑯緊迫感を出す
⑰母魚に身をすり寄せ満足そうに甘える様子が感じられる

Ⅳ　⑱お日《ひ》さまは、安心《あんしん》したように、また、なまり色《いろ》の厚《あつ》い雲《くも》の中《なか》へ、入《はい》っていきました。

あたりの空気《くうき》も、冷《つめ》たく沈《しず》んでいきました。

今《いま》、魚《さかな》が作《つく》った波《なみ》の輪《わ》も、水《みず》に映《うつ》った紅葉《もみじ》をゆりながら、消えていきました。
⑲かわせみは、長《なが》い間《あいだ》、ぼんやりと、遠《とお》くの山《やま》を見《み》ておりました。
⑳遠《とお》い山《やま》やまには、もう雪が降《ふ》っているようでした。

⑱あたたかい視線で（気持ちを切り替えて）
⑲かわせみを見守るような気持ちで
⑳余韻を残す

第四節　「声の響き」が心の扉を開く

——声の効果：朗読後のアンケート調査からの考察～2カ国の比較を通して

実際「声の響き」が人間の心理面にどのような変化をもたらすかを、筆者が朗読療法活動の一環として行っている朗読ライブでの朗読直後に行ったアンケートをもとに考察してみたいと思う。

次に紹介するのは、日本人対象と、トルコ人対象に日本語で行ったものである。トルコ人の場合は、まだ日本語学習過程の大学生を対象としているため、作品の内容は完全には理解されていないと思われる。その代わり、声が心の状態にどのように作用しているかを伺うことができる。

それぞれのアンケートから、(I)は日本の一般人対象、(II)は日本語学習過程にあるトルコ人大学生対象（於：(I)日本、(II)トルコ）

2カ国それぞれアンケートから、心の状態の変化が述べられているところを抜粋して掲載。

(I)

・朗読の後、気持ちが落ち着いて満ちたりた気分になった

・声が耳だけからではなく体全体から自分の中に入り込んでくるようだった。身体も心もスーっとリラックスし、とても心地よい穏やかな気持ちになった

・なぜか子どもの頃のことが思い出され安らかな気分になった
・心を込めて語りかける声が、心を癒していくのだということを知った
・今日は今迄ガチガチに守っていた心が溶けたので家に帰って泣いてしまいそうだ
・心地の良い声が最近疲れていた私の心に染み渡り、活力を与えてくれるようだった
・父を送り、愛犬を送り……今日の朗読によってしみじみと今の私自身を見つめて生きていかねばと改めて思った
・命の大切さを感じ自分を愛しく思えるようになった
・言葉の一つ一つが私の全ての五感を刺激して心の奥に染み渡る感動を覚えた。心の開放感を感じ、私の心の扉を開け、日常のストレスなどを感動の涙と共に流したようだった
・やさしい気持ちが音声に現れていて気持ちがとても和んだ
・語り口になつかしい母のぬくもりを思い起こし、がんばる力が出てきた
・言葉から想起されるものによって涙がとめどなく溢れて止まらず、心が溶かされていく感じがした
・人の言葉には魂があり、言葉と言葉の間にもエネルギーがあることを感じた

・朗読を聴くことによって気持ちがほぐれ、浄化していき、想像力が高まっていくことで新たな視点が生まれていくことに感銘を受けた
・朗読を聴いた後、今までにない自分に気がついた
・人と人のかかわり、人間と動物、自然との共生、人間の中での弱者へのいたわりなど、失われつつあるものを見直す必要があると思った。ほのぼのとした温かさに包まれた
・「朗読」を体験しとても嬉しかった。あったかい気持ちがした。これから自分がどういう気持ちをもって生きていけばいいのかが見えてきた。こんな気持ち初めて感じた。もっと前に出会っていたら病院だって薬だって要らなかったのに……
・声から、情景がありありと浮かんできてイメージが目の前に広がり、映画やビデオと比べものにならないほど、私の中で素晴らしい映像を醸し出した
・声はこれほど迄人の心を動かすものなのかと、声のもつ力の大きさをしみじみ感じた
・生きる意味について考えさせられた
・声っていいなー。温かいですね

こういった心に起こった感覚（心地良さ、安心感、満足感、幸福感、解放感、豊かなイメージ表出、懐かしい思い出の蘇り、退行現象）は、『朗読』体験によって引き起こされた望ましい心の状態と考えられる。そしてこれらの反応のほとんどが声の響きによって表出されたものであることが文面から読み取れる。

(Ⅱ)　トルコ人（書かれたままの文字で記載）

・朗読というのは語ってくれる人の声で聞いている人に想像が生まれる。聞いている人に想像が生まれるような声の力が大事であり、両方が組み合わさったとき、すばらしい世界が生まれるのだと感じた。今日久しぶりにこの組み合わせに出会えて本当に良かった

・自分をその民話の一人の人のように感じて、その話しの中で歩いているような気持ちになった

・私は朗読を聞く時、おちついた

・物語りを聞くのは初めてだ。聞くのは自分で読むよりもっといい

・今日聞いていた物語りの意味は全部分からなかった。しかし、先生の声のせいで心が開いたから、分かりやすくなって、とても幸せだ
・先生の声を聞けば聞くほど、心が落ちついた
・声で昔話を聞いているととてもいい。目を閉じながら聞くととうじょうじんぶつがなんにんもいるような気持ちになる。先生は紙に書いているものを読まない人だ。それは気持ちをたくさん持っているからだと思う。
・とても優しい声で言ったので気持ちがなごんだ
・鳥皮になったまま聞いた
・目をつぶって声を聞いていたら、お話のイメージが広がって心地よかった
・気持ちがリラックスしたからもっと聞いていたかった。また、こういった機会があったらいいなと思う
・小さい頃寝るときによくお話を聞いていたから昔のような気持ちで心があたたかくなれた

以上のようなメッセージから、トルコ人の心にも日本人と共通した安心感、満足感、

幸福感、解放感、豊かなイメージといったプラス反応が、心に表出されているのがわかる。それは、物語りの内容以前に、肉声から醸し出される〝声の響き〟そのものに深い意味があることを伝えている。セラピー朗読では、こういった「声の響き」を重要と考えている。もちろんこういった声の響きを創り出すもの、それはただ表現技術の問題だけではない。アンケートの文面はそれが何かを提示している。

『人の声は元気を創る』という言葉があるように、朗読における「声の効果」を通して得られる心の満足感や安定感は、人間本来備わった自然治癒力を高め、生きる活力を取り戻し、病気の早期回復にもつながっていくであろう。筆者が朗読療法を志すに至ったのも、声のこういった心理効果をカウンセリングに役立てられるのではと思ったからである。

引用文献

今西祐介著『ぬまをわたるかわせみ』あすなろ書房。

第二章

朗読療法の方法

第一節　朗読療法の形態

朗読療法の形態としては、個人朗読療法と集団朗読療法がある。

個人朗読療法とは

個人を対象に基本的にはセラピストと対象者の1対1で行う。

個人朗読療法の適用

・カウンセリングを必要とする個人に対し、その面接過程に朗読を取り入れて行う場合

・特殊な環境下（病院、施設等での生活を余儀なくされている）にある個人を対象に、計画的に朗読を行っていくことでスピリチュアリティを高め、その精神衛生および症状改善に役立てる場合

カウンセリングに朗読を取り入れる場合の留意点

・カウンセリングに朗読を取り入れる場合、朗読は面接過程の中で必要に応じて適宜行う

・朗読作品は、クライエントと十分なカウンセリングを行い、クライエントの背景にある混沌としたもの、強い囚われの観念などを把握していくことが作品選定の上でも重要な目安となる

・面接時間との兼ね合いもあるので、朗読に当てる時間配分など、カウンセリングの流れを考えて行うことが大切である

朗読によるラポール効果

カウンセリングを効率良く進めていくためには、セラピストと患者（クライエント）との間にしっかりとしたラポールが築けていることが重要である。ラポールを築くためにはある程度の時間経過が必要であるが、朗読を導入した場合には、朗読を介することで容易にラポールを築くことができる。その理由として次の様なことが挙げられる。

・物語りという非日常の世界を楽しむことでクライエントの緊張がほぐれ気持ちが解放されること

・自分のために語りかけてくれる満足感や、同じ作品世界を共有することで親近感が増し相互の距離感がなくなること

・作品を通して話題性も広がり、話しやすい雰囲気が生まれること

以上の事柄は、その後のカウンセリングをスムースに行っていく上でも重要な要素になる。

作品選択について

たいてい初回面接時にはまだクライエントの心の状況がよく把握できていないケースが多いので、まずクライエントの話を注意深く聴く。その上でクライエントがどのような観念に囚われているかなど、心の問題の原因となる考え方の特徴を捉え、どのような作品がクライエントの気づきに役立つかを見極め、作品を選択する。

カウンセリングが深まってくれば、次第にクライエントの心の風景が見えてくるので、その都度、その心の状況にふさわしい作品のイメージを考える。作品が決定すれ

ば、面接計画もそれに沿った形で考える。

セラピストはなるべく多くの作品に接して引き出しをたくさん持つことが大切である。引き出しをたくさん持つということは作品選択に役立つばかりでなく、何よりも人間の幅を広げることにもなる。

朗読導入のタイミング

心理面接過程に朗読を取り入れる場合、その導入するタイミングについては唐突にならずに自然な流れで朗読に入っていけるような配慮が必要である。そのためにはあらかじめ朗読する作品を念頭に置きながら話を進めていき、自然な会話のやりとりのなかで話題を作品に向けたり、あるいは次回の面接時にお話を聞かせる約束をしたり、その場の雰囲気に合わせてクライエントに期待が生まれる様に持っていく。クライエントがどんな作品が好きなのか、どんな作品を知ってるかなど、そういった情報も面接の中で引き出しておくと、その後のカウンセリングにも役立つ。

朗読後の進め方

セラピストが朗読した後、クライエントがそれに反応して話し始めたら、よく耳を傾ける。

クライエントが思うままに感じたことを話せる雰囲気が大切である。クライエントの語ることに興味を示しながら相槌を打ったり、時にはセラピスト自身の感想なども話してみるのも良い。また、セラピストの方から「どうだった?」などと、会話のきっかけを作っても良い。

しばしば、クライエントは、作品の内容についての感想ばかりではなく、感覚的なことを話題にする。「とても心地がよかった」、「あったかい感じがした」、「お母さんに語ってもらったときのことを想い出していた」、「聞きながら自分が子供の頃体験した情景の中を歩いていた」、「幼いころ自分をおぶって散歩してくれたおばあちゃんの背中で聞いていた」など。こういった感覚はカウンセリングを深めていく上で望ましい心の状態であり、大事に受け止めることが大切である。

イメージ絵画表現への導入

次に、クライエントが朗読を聴いて浮かんだイメージの絵画表現がある。このイメージ絵画法を取り入れる意味あいは二つある。一つは、内面の気持ちを言語化するための補助的役割として、もう一つは、心の遊びとしてである。

補助的役割に関して言えば、クライエントとセラピストが言葉の交流を深めるという意味あいもある。心の内をうまく言語化できないクライエントにとって、絵画を通して会話が成立したり、クライエント自身も意識していなかった内的世界が表面化したりすることもあるからだ。これは、後のカウンセリングを進めていく上で貴重なヒントとなる。

心の遊びというのは、自己表現の満足感や心の解放を意味する。

よって、イメージ絵画を行う際の注意点としては、クライエントにはあらかじめ、優劣を評価することが目的ではないことをよく伝え、心に浮かぶイメージを思いのまま描いてもらうようにする。

言語化

イメージ画の後は、作品を介してセラピストが語り掛けをしながらなるべくクライエントの言葉で語るよう導いていく。このイメージ画について言語化していく過程は、クライエントが自分を取り戻していく上でとても大切なものである。豊かな言語の表出を促すもの、それはセラピストの語り掛けの力にかかっているといえる。語り掛けの力とは語り掛ける内容を言っているのではない。豊かなイメージや言語を誘うもの、それは語り掛けるセラピストの声や語り方である。つまり、見えない声の響きの中にこそ、閉ざされた心に豊かな活力を蘇えらせる鍵があるからである。

集団朗読療法とは

集団とは、同じ目的の下に集まっている複数の人たち数人から数十人を対象とする。集団といっても集団の中の各個人が対象となる。なぜなら朗読療法はそれが個人であっても集団であってもその目指すところは、対象者一人ひとりの内的変化である。もちろんそこには集団的効果も介在する。他者との比較において自己の存在の再確認や自分への気づきや目覚め、競争心から生まれる自己能力の開花、向上など、メンバー同士の相互間で発生する影響力も大きなものがある。

セッションの時間は、約90分位を目安とする。

「集団朗読療法」の適用

・特殊な環境下（病院、社会福祉施設等での生活を余儀なくされている）にある集団を対象に、計画的に朗読を行っていくことでコミュニケーション力やスピリチュアリティを高め、精神衛生面および症状の改善に役立てる場合

・病院、社会福祉施設等のデイケアなどの利用者に対し、コミュニケーション力の促進、精神の安定と活性化、社会適応力の回復などを目的とする場合

・特に高齢者を対象とした生涯学習において、心の癒し及び自己のスピリチュアリティ向上を目的とした場合

集団朗読療法のセッションを行うに当たっての留意点

・セッションの進め方は、対象者の認知能力によってそのアプローチの仕方も異なってくるので、前以って対象者の情報をよく知っておくことが大切である。たとえば、男女の差、年齢、障害の状況、認知能力の程度、情緒面、行動面の様子などをあらかじめ把握し、その上で対象者に合わせたセッションを行う

・現場では常に対象者の様子や反応をよく観察し、状況に合わせて臨機応変に対応で

きる力を身につけること
・朗読作品については、背後にしっかりとしたテーマをもって選定すること

第二節　朗読療法の主な技法とその目的

主な技法について

朗読療法のセッションを行う際、使われる主な技法には、自ら声を出すことを中心とした「呼吸調整法」「リラックス発声法」「音声表現法」、聴くことを中心とした「朗読鑑賞法」がある。この朗読鑑賞法は、個人療法、集団療法ともいずれの場合にも朗読療法の中心となる技法である。

また、補助的役割として「イメージ絵画法」が併用される。この技法は「朗読鑑賞法」に付随した形で使われる。

以上が朗読療法で使われる具体的な技法であるが、但し、カウンセリングを目的とした個人療法の場合は、心理面接過程の中で適宜朗読を取り入れていく形となるので

これらの技法をすべて活用するとは限らない。

呼吸調整法

脱力動作で体の力を抜いた後、腹式呼吸による呼吸の調整を行う。

（この呼吸調整法は後のプログラムをスムースに進めていくための大切な入り口となる）。

目的

・静かに深い息をすることで自律神経のバランスを整え、心身調整に役立てる
・日常の緊張を緩和し、リラックスしてセッションに向かえるよう心身の体制を整える
・精神の統一をはかる

リラックス発声法

吐く息を意識した腹式呼吸でお腹から声を出すことを主体的に進めていく。

セラピストの指示に従い、身体を動かしながら自由自在に声を出していく。

目的
・自分の声をじっくり聴く機会を持つことで自身の存在を再確認し、気持ちの安定につなげる
・お腹から思い切り発声することで心の開放感を得る
・皆と一緒に声を出すことで連帯感を感じてもらう
・全身の筋肉運動である発声法により、心身の活性化をはかる

音声表現法（朗読）
その日の音声表現の課題を一斉にあるいは一人ずつ行う。
内容は対象者のレベルに合わせて計画する。
目的
・心身の活性化をはかる
・抑圧された感情を外に解放させる
・人間本来の自己表現欲求を満たすことで満足感や、充実感を味わう
・音声表現を試みることで新しい自分を発見してもらう

・カタルシスを経験してもらう
・皆と一緒の体験をもつことで一体感、連帯感を育む
・滑舌や音声表現能力が良くなることで他者との言語交流に役立てる
・人前で表現することへの抵抗を少なくしていく
・人から評価されることで自分に自信をつける
・言葉を発することで言語中枢を刺激し、脳の活性化及び脳の老化予防につなげる
・違う人格を演じたりすることで日常の縛られた自分から離れ、心の開放感につなげる

朗読鑑賞法

朗読鑑賞法は、耳から入る声の効果を活用した朗読療法の主要な技法。セラピストが声で物語りなどの作品を語り、対象者（聴き手）は耳で聴いて楽しむ。

作品は対象者の心の状況にふさわしいものを選択し、季節感なども考慮しながらセラピーとしてのテーマをしっかりもって臨むことが大切である。

目的

・物語りを肉声で語ることで心の触れ合いをはかる。心の触れ合いを持つことによって精神の安定をはかり、自然治癒力を高めるのに役立てる
・イメージの湧出を促す
・物語りという非日常の世界に心を遊ばすことによって、気持ちをリラックスさせ、心の解放につなげる
・イメージして聴くことにより、五感や想像性を高め、感性を豊かにする。また、日常の言語理解にも役立てる
・作中の登場人物に気持ちを動かすことで他者理解を深める
・擬人化された生き物などの心を感じることで、命の大切さやいたわりの気持を育てる
・色々な物語りに触れてもらい、心の捉え方、自己受容に役立てる

フリートーク

朗読後、感じたことなどを自由に述べあう。

目的

・人間関係の形成に役立てる
・他者理解を深め、お互いの緊張感を和らげる
・同じ作品を聴いても受け取り方は様々であることを体験し、他者理解に役立てる

イメージ絵画表現法

朗読鑑賞法の補助的役割で使う。つまり、絵画作品を介してさらに言語交流を深めるという意味あいで行われるもので、作品を解釈したり評価の対象にしない。対象者にもその旨を事前に伝え、朗読を聴いて浮かんだイメージを自由に表現してもらう(ケースによっては課題を提示)。

はじめはただ浮かんだイメージだけだったものが、描きながらあるまとまったストーリーへと展開していくことが多く見られる。

個人療法における絵画表現法と同じく、セラピストの言葉かけがイメージの言語化を促す大事なきっかけとなる。

目的

・クレヨンを使うことで小さいころ手にした懐しい感触を思い出してもらう
・たとえば幼い頃のらくがきの様に、イメージを気ままに絵にすることで、遊び心を取り戻し気持ちのゆとりにつなげる
・自己表現欲求を満たすことで充足感や満足感を体験する
・最後まで仕上げたという達成感につなげる
・自分の気持ちを絵画で表現することで精神的解放感を味わってもらう
・客観的に自分を捉える機会をもつ
・カタルシスの経験をする
・昇華作用を促す

作品発表

それぞれ自分の描いた作品を他の人にも見てもらい、何を描きたかったのかを簡単にコメントする。それを受けて、聴き手は良かった点など自由に感想を述べ合う機会とする。誰しも人から認められたり受け入れてもらえるということは大きな喜びである。特に心が病んでいる人たちにとっては自信回復へのこの上ない機会でもある。現

場でのケースワーカーやナースの報告書にも朗読療法後はメンバーの人たち一人ひとりの表情が大変生き生きしていると記されていることも、そういったことと大いに関連があるように思う。

目的

・自己表現欲求が満たされることで充実感を得る
・自分が描いた作品を人に説明することは、客観的に物事を捉える機会になる
・それぞれの人の思いを聴くことで、遠かった存在が身近に感じられ他者理解の助けとなる
・作品発表という共通体験を通して一体感を深め、人間関係作りに役立てる

第三節　朗読療法の作品選び

朗読療法における朗読作品のジャンルとしては、「物語り」が多く使われる。「物語り」というと、神話、民話、昔話、創作物語等があげられるが、いずれにしても、話

の筋を持った、背後にしっかりしたテーマ性のある作品が心理療法的展開を考える上では有効である。

朗読療法においてどういった作品を選ぶかということはとても重要な課題である。なぜなら、作品のテーマ性や作品の中に登場する言葉の一つ一つがクライエントの魂と深く関わってくるからだ。特に、個人を対象とするケースにおいては、患者（クライエント）の心の病理の特徴を見分け、どういった観念に捉われているのかを見極め、患者（クライエント）の心の状況にふさわしい作品を選ぶことが大切だからである。

そのためにもセラピストは多くの作品に触れ、多くの引き出しを持つことが大事である。

また、作品の長さも大事な要素なので念頭におかなくてはならない。集中力の問題やあとのプログラムの時間的な配分も考えなくてはならないからである。基本的には、ストーリーは出来るだけその場で完結することが望ましい。

以上のことを念頭に置き、個人か集団（目的性）か、時節、場所、年齢なども考慮に入れる。

作品選択の際どんな物語りが適しているかの判断の目安としては次のような項目が

挙げられる。

・文章の語り口が平易である
・イメージしやすい
・メッセージ性がある
・テーマが心に置かれている
・登場人物が複雑でない
・声にして描きやすい

そして、何よりも重要なことはどんな思いを伝えたいのかといった基本的な姿勢を忘れてはならない。と同時に、作品は自分が共感し感動してはじめて人に伝えられるのだということも。

朗読療法の作品はあくまで素材である。クライエントは作品の朗読を聴きながらイメージの世界を旅する。

それは航海の旅にも似ている。クライエントは語りの声の船に乗って作品世界の航海へと旅立つ。時には笑い、時には涙を流し、時には怒り、時には恐怖を感じたり不安を感じながらイメージの海を流れてゆく。しかし、それはちゃんともとの波止場に戻ってくる旅である。クライエントは安心して非日常の世界に浸り、再び現実に戻ってくる。この航海は真の自分に気づき、本来の自分を取り戻す旅でもある。過去の自分と今の自分が一本の糸で繋がること、それは自分の物語りを紡いでいくためにどうしても必要な過程といえる。作品は間接的な方法でその橋渡しをする役目を担うのである。

第三章

個人朗読療法の実際

第一節　事例1　「百年たって笑った木」――心の力を抜こう

野田貴一さん　27歳、男性
主訴：不安感、イライラ、睡眠障害、自殺願望
家族構成：両親、妹（22歳学生）、本人

野田貴一さんが他人の視線を気にし始めるようになったのは、高校生活に入って半年ほど経った1年生の秋のことだった。気がつくと、自分の周りに友達が一人もいないのだ。なぜだろう……まわりの友達がだんだん自分に寄って来なくなったのは、自分のことを変に思っているからだろうか……野田さんは悩み始める。いったんそう思い始めるとだんだん気持ちも萎縮して自分から声をかけることさえ躊躇されるのだった。

思い返せば、小学時代は成績優秀で、クラス委員もやり、皆から慕われていたと話す野田さん。しかし、中学に入ってからは、気の合う友達がいなかったこともあって、

結局、中学時代は思うような友人関係が築けずに卒業。高校に入ったら今度こそ気の合う友人を作りたいと期待感を持って迎えた高校生活だったが、その思いとは裏腹になぜか人間関係は空回り。憂鬱な気分のまま1学期が経過。その後、いじめにもあうようになり、野田さんの孤立感は増す一方。自分のことをまわりはどう見ているのだろうか……

いったん他人の視線が気になり始めるといたたまれない気持ちに襲われる。学校に向かう足も自然と遠のき、2学期の終わりから不登校となり、高2で中退。その後は、家に引きこもったままの生活となった。

引きこもり状態で2年が経過した頃、野田さん自身、このままではどうしようもないと気づき、自分から病院へ行くことを決意、そして、7年間の入院生活が始まった。退院後は薬を服用しながら通院を続けたが、病院からの薦めもあって精神科のデイケアに参加することになった。通算10年ぶりの人との交流だった。

それまで自分の世界だけで過ごしてきた野田さんにとって集団の中での他者との交流はかなり疲れることもあり、デイケアも週に数回行ったり行かなかったりの状態だった。それでも同じような精神疾患に苦しむ人たちと交流し、時には悩みを共感したり、励ましあったり、勇気づけあったりと、野田さんにとっては貴重な場となっていった。

そんな野田さんに筆者が出会ったのは、野田さんがデイケアに入って1年近く経った頃、ちょうど筆者の集団朗読療法（朗読セラピー）がスタートした時だった。それから半年後、本人の希望で、筆者のカウンセリングも朗読セラピーと同時並行で行っていくことになった。

その時の野田さんの主訴は、不安感、イライラ、感情の爆発、自殺願望等だった。人は人生で大なり小なり何らかの精神的葛藤を抱え生きねばならない時もある。様々なストレスに囲まれた現代社会では、うつ症状に悩まされる人も年々増え続ける傾向にある。しかし、どんな苦しい精神状況にあっても前向きに歩いて行ける人もいれば、自ら絶望感を増大させ生きていることさえ放棄してしまう人もいる。その違いはどこから来るのか。一つには心の持ちようによるところが大きいと思われる。人生は捉え方次第で悲劇にも喜劇にもなる。最終的には、自分の置かれた現状とどう折り合いをつけていけるかである。しかし、そこに到達するまでには、現実の自分と向き合い、試行錯誤を繰り返しながら精神的自立に向かって揺ぎない自己を確立していかねばならない。

野田さんの場合も、病気に伴う様々な症状を抱え苦しい日々を送っていた。将来への不安から自殺を考えることもたびたびだった。そんな状況のなか、筆者の朗読療法と出会い、野田さんの内面に次第に変化が起こり始めた。

ここでは、朗読療法をきっかけに野田さんの内面にどのような心理的変化が生じたか、その過程を心理面接場面の野田さんのコメントや筆者の元に届けられた野田さんからの貴重な手紙文も併せて紹介しながら進めていきたいと思う。

①×月×日（初回面接）

初回面接の日、野田さんはやや緊張した面持ちでカウンセリングルームに入ってきた。イスに座るとすぐさま、相談内容を書いた紙を広げ、そのまま読み上げるようにやや早口で語り始めた。

不安な気持ちが広がると、思考が錯乱して頭が真っ白になる。一晩寝ると良くなるが、そういうことが仕事中に起こると困る……この先色んな症状に悩まされて将来の願望が叶えられないなら死んでもいいと思う。「自分はダメ人間だ」と、一気に不安な気持ちを訴えた。自暴自棄になっている様であった。将来に希望が持てないのならこのまま生きている価値がないと考え、マイナス思考が強く感じられる。

この日、野田さんに行った朗読作品は「とうげのおおかみ」。

朗読後、野田さんの心にどういった変化があったか、野田さんのコメントを紹介しながら考察してみたい。

朗読「とうげのおおかみ」

あらすじ：一人暮らしの峠の茶屋のおばあさんをだまし、一晩泊めてもらうことになった泥棒。おばあさんが眠った後、たんすからお金を盗もうとするが、結局おばあさんの寝言にびくつき実行出来ない。そのうち、起き出してきたおばあさんに出発を余儀なくされてしまう。出て行こうとする泥棒におばあさんはおおかみよけにとやたてを持たしてくれる。おばあさんのお陰で命拾いした泥棒は、その後改心し、立派に更正した後、その時のやたてを手におばあさんの茶屋を訪れるという話。

野田さん：「先生、今日の、『とうげのおおかみ』というお話の主人公は自分にとてもよく似ていると思いました。この泥棒は、峠の茶屋のおばあさんをだまして一晩泊めてもらって夜中にお金を盗もうとしますよね。だけど、おばあさんの寝言で実行できない。この小心者の泥棒の気持ちってすっごくよくわかります。結局盗みは実行できずに、逃げるように退散するんだけど……きっと僕もこの泥棒と同じ行動をとったと思います。ちょっとドジで、でも何か憎めない感じがするんです。それにしても、この茶屋のおばあさんは相当やり手なのか、とぼけてるのかわからないけど、自分から何をしたのでもないのに、結果、泥棒を見事に更生させていてすごいなって思いました。人の罪を咎めることなく、それでいて人の心を自然に良い方向に動かせるなんてすごいと思いました。……僕はこのおばあさんみたいな人になれたらなぁって。人の心にいい影響を与えることができる人になれたらいいなぁって……」

考察

野田さんはコメントの中で、この小心者の泥棒の気持ちがとてもよくわかる、自分もこの泥棒と同じ行動をとったにちがいない、そしてドジだけどそんな泥棒を憎めないと語っている。泥棒に、自身の姿を重ねていたようだ。こういった言葉からも、徐々に受容的精神も垣間見られ、面接最初の自暴自棄に陥っていた精神状態からプラス方向へと内面の変化が生じている。

面接の最後には、このおばあさんのような人になりたいと目を輝かせて話す野田さん。そこには、自分は生きている価値がないと訴えていた朗読前の暗い影はない。これまで人間関係がうまくいかなかった野田さんは、この作品のおばあさんの中に自分の理想の姿を見いだしたのかも知れない。

②×月×日

最近あまり調子がよくないので、仕事は休業中とのこと。

今日は憂鬱感と不安感が激しくデイケアに出られなかったので、朗読セラピーの時間に行った朗読が聴きたいと希望。

朗読「牛女」

あらすじ：首をたれて歩く癖がある大きな背の高い女を、村人たちは「牛女」と呼んでいた。牛女はおしで耳も良く聞こえなかったが、心やさしい性格。村人たちから頼まれる仕事も一所懸命やり、一人息子を一人で大事に育てていた。ところが、或る時病気に罹り突然死んでしまう。そこで村人たちはその息子が大きくなるまで交替で面倒を見た。牛女は死んでからも息子のことが心配でよく西の空に現れた。息子が一人前になるため村から出て行くと、息子を探しに村にも現れた。その後、息子はお金持ちになって村に戻ってきた。そして、親の代わりに自分を育ててくれた村人たちに感謝の気持ちでりんごの木を植えたが中々うまく実が生らない。そこで息子は、母親のことをちゃんと供養しなかったせいではなかろうかと気づき、それからは真心をこめて供養した。すると母親は、こうもりになってりんごの木を守り、その後は多くの収穫を得ることができた。そしてそれ以来、息子は母親から見守られながら、この地方でお金持ちのお百姓になり幸せにくらしたという話。

野田さん：「なんか、今の話を聴いて、幸せというか、ぬくもりというか、温かさを感じました。」

「朗読セラピーは、いろいろな本に触れることができるのでとてもためになります。今まで知らなかった世界をどんどん体験しているような感じで、セラピーの時間が毎回楽しみです。ぼくは高校中退で勉強できなかった分、これから色々と勉強したいです。他に歴史とかにも興味があるので図書館に行って本を探して読んでみようかなって思っています。」

考察

朗読療法は毎回色々な作品に触れることができるので、確かに野田さんがコメントするように、自分の生き方の参考になったり、新しいことへの興味や関心につながると思われる。野田さんの場合も、作品に影響を受けて勉強意欲が湧き始めているようである。

勉学意欲の表れとともに、面接の始めに訴えていた憂鬱感や不安感を表す言葉は消失し、温もり、あたたかさ、幸せといった憂鬱感や不安感とは対極にあるプラスの言葉が多く出てくるようになった。

③×月×日

３ヶ月前からほぼ毎日鬱症状。暗い感じで、うめき声をあげるくらいに重く落ち込んでいるとの訴え。その後は、野田さんが引きこもることとなった経緯を話し始める。小学生の頃はクラス委員もやり優秀だったこと。中学生のときは気の合う友達がいなかったため不良と付き合ってしまい、小学校の頃のようにはいかなくなったこと。高校のときは、まわりから変だと思われ始め友達が寄ってこなくなり、それを機に引きこもってしまったことなど……

今回は、野田さんの心の状況を考え、金子みすずの詩を静かに朗読することにした。

朗読　「金子みすずの詩」

（金子みすず詩集から、野田さんの心の状況にふさわしい作品数点を選択）

野田さん：「聴いていると心が落ち着いてきます。詩に共感できるっていうか……声のやさしい響きも心に気持ちいいし……」

「朗読セラピーは僕にとって、とても大きな意味があるんです。先生のお話と自分の心境とがシンクロするところとか……。あと、何より先生の声が自分の気持ちをとても落ち着かせてくれるんです。それに、朗読で聴く物語りが、自分にとっては生きる希望みたいなものを与えてくれるからです。」

考察

野田さんは数年前から吃音症状に悩まされている。気持ちに焦りが生じると症状も顕著になってくるのだ。今日の面接は、これまでの自分のことについて、一言一言ゆっくり語ってくれた。野田さんの話から、成績優秀でクラスの人気者だった小学生時代を頂点に、その後歯車がうまくかみ合わず病気に至ってしまったことをかなり悔やんでいる観があったが、今日は、自分の病気に至るまでの経緯を順序良く整理しながら語ることが出来たことで気持ちもすっきりしたように見受けられた。

その後、筆者の選んだ作品が自分の気持ちとシンクロしたこと、朗読する「声の響き」が心に安らぎを与えたことなどを語り、退室するころにはすっかり落ち着きを取り戻し、礼儀正しく部屋を出ていった。

④×月×日

「先生、今日の朗読セラピーで『5ひきのヤモリ』という話を聴いて、僕は自分がこれからどう生きていけばいいのかを教えられたような気がしました。」

来室するなり、こんなコメントから始まった。今日の朗読セラピーに参加した野田さんは、朗読セラピーで行った「5ひきのヤモリ」という作品にかなり影響を受けたようだった。

朗読「5ひきのやもり」

野田さん…「板塀に打たれた釘で、そのまま貼り付け状態のまま生きていかなければならないヤモリのおとうさんの話でしたよね。おとうさんヤモリがその現状を受け容れて卑屈にならず前向きに捉えていくことができたから、子どもたちも心やさしく素直に育ったんだと思いました。お父さんを助けようという立派な子どもたちに成長できたのはお父さんの生きる姿勢ですよね。

先生の朗読を聴いて自分もこんな病気に苦しめられているけど、大事なことはこの病気とどう付き合い、一緒に歩いていけるかだということに気がついたんです。自分が卑屈になって感情的になってしまうことで周りの人たちを傷つけてしまう、それは自分にもまた跳ね返ってくることなんだと……。そうならないようにするのも大変なことだけど、そういうことに気がついただけだって自分には大きな意味があるって思うんです。朗読セラピーの時間って、僕は先生から大きな心の変化を与えてもらってますよね。こういった体験はいままで初めてです。」

考察

今回、野田さんは、「5ひきのヤモリ」という朗読から、主人公のお父さんヤモリに自分を重ね合わせることで、生き方のヒントを得たようだった。痛みに耐えながらも家族を大事に思い、常に前向きな姿勢を持ち続けているヤモリの父親。そんなヤモリの姿に感銘を受けたという野田さん。

今回、野田さんは、5ひきのヤモリを通して、自分を冷静にかつ客観的に見ることができている。

第1回目の面接時には、自分は駄目人間で、将来の願望が叶えられないならこの先死んだほうがいいという考えに終始固執していた野田さん。今日の面接ではそういった観念から解放され、積極的に困難にぶつかっていこうという姿勢が見られた。

⑤×月×日

野田さん：「デイケアは1ヶ月ほど前から出ています。家の仕事も再開。引きこもっていても埒があかないので……。

《晴耕雨読》と言うことばが僕は大好きです。目標のもとに生きたいなって思います。人間として人生の姿勢をちゃんとしたい！

今は、時々先生にカウンセリングしてもらっているからいいけれど、先生からカウンセリングが受けられなくなったとき、自分をどうしていいかわからないのではと不安に思うこともあります……。でも、少しづつ自分に力つけていくしかないので、今踏み出したこの一歩を大事にしたいと思います。

今度いろんな人たちが集まる場とかにも参加して、社会的なことも体験していきたいなと思ってます。」

考察

これまでデイケアだけだった野田さんが新たなコミュニケーションに挑戦したいという気持ちになったのは大きな心の変化だと思われる。社会復帰への意欲を感じ取ることができた面接だった。

⑥×月×日「物語りが開く心の扉」に参加して

この公演は、筆者が、心の健康維持を目的に一般に向けて行っているものである。演奏を取り入れた朗読と心をテーマにしたお話が中心で構成されている。出演は、筆者のほかに、医学博士で臨床心理学教授の橋口英俊先生と精神科医の村田信夫先生である。

野田さんはこの公演にぜひ参加したいと希望する。しかし、野田さんの住んでいるところから会場までは約一時間あまり。野田さんにとっては生まれてはじめて乗る電車での外出である。

当日無事に会場までたどりつけるかと心配したが、公演後、母親と一緒に笑顔であいさつに来られた野田さんを見てホッとした。これまでほとんど引きこもり生活を続けていた野田さんが、自分の意思で遠くの会場まで足を運ぶというのは大変勇気のいる決断であったと思う。

公演後の人が少なくなった会場には、母親と一緒に一所懸命アンケートを書く野田さんがいた。

そのアンケートからは、生まれてはじめて大勢の人達に混じって舞台を楽しんだ野田さんの喜びと感動が伝わってきた。

⑦×月×日

この日の面接は筆者の「物語りが開く心の扉」の公演の感想から始まった。内容の一つ一つが野田さんの心に大きな感動を与えたようだった。特に野田さんの心を捉えたのは「月夜と眼鏡」、「ゆきおんな」の朗読。野田さんの脳裏にお話の情景が美しく広がりやさしい気持ちに満たされたとのこと。

公演の後、野田さんは早速これらの本をインターネットで取り寄せ、今読んでいるところだという。その熱意にも驚いた。

公演での朗読を聴いてから、日本の心に目覚めたと話す野田さん。もっと日本を良く知りたいという気持ちが生まれ、出来れば旅行社のツアーか何かに参加して国内旅行などをしてみたいと行動的な面が伺われた。

最近は非常に前向きになっている自分を感じるとのこと。家の家業も継ぎたいが、まだ接客の自信がないので、今は自分をしっかり創っていくことに力を注ぎたいと語る。体力作り、読書、音楽、興味ある分野の勉強等……これからは自分にやさしく生きていきたいと話す。

野田さん：「これまでは、なぜ自分だけがこんな病気で苦しまねばならないのかという憤りとそして頑張って生きねばという思いが強かったんです。そのため、思うようにいかないと切れて家の中で暴れてしまったり……。けれどそういうことはもう卒業しました。これからは頑張って生きなければと思うことはもうやめにしました。自分のできる範囲で、まずは決めたことを実践していく。人生、寄り道するときがあってもいいんじゃないかと思えるようになってきたんです。今まではこれじゃいけないと、気持ち的にいつもあせって突っ走ってきたように思うんです。これからは気持ちの上でのんびりしたいし、自分の身近なところで出来ることからはじめようって。今はしっかりと自分を創ることが必要だと気がついたんです。生きる目的をもって前向きになろうと。今まではずっとこの世の中がきらいで……高校時代を思い出すと嫌悪感でいっぱいになって、自殺願望もあったし……だけど今はもう前向きになったから大丈夫です。（笑い）」

⑧×月×日（面接最終回）

今回の面接は、年が明けてから初めての面接。暮れにデイケアのメンバーの一人とちょっとした諍いがあって一時は人間不信に陥ってしまい、そのことがきっかけでデイケアを休むことに。でも、今は仲直りをし、その問題に関しては自分の中ですでに解決しているとすっきりした顔で話された。

日々いろいろと浮き沈みはあるが、新しい年になってから気分も安定し始めているという。年の初めに、神社におまいりに行ったのがきっかけで、神道の本を読んで勉強を始めたこと、部屋のベッドを処分することで生活習慣が変わり生活が規則正しくなったこと、午前中は読書、午後はスポーツジムと生活にもリズムが出てきて、そのせいか、最近は鬱症状も出にくくなった。しかし、まだ仕事復帰は無理そうなので、あせらずに当面は作業所に行くような方向で考えているといったことなど、今年に入ってからの近況を話された。前向きな姿勢で人生に向かい始めている様子が伺われた。

朗読　「百年たって笑った木」

あらすじ：百歳になる森の木のお話。この百歳になる木は、これまでかっこよく見せることに一所懸命。なぜなら、かっこよくなければ友達はできないと思っていたから。しかし、百歳にもなると立っているだけでもやっと。かっこつけるどころではなくなってきた。友達もできないし、とうとう、木は寂しさからしょんぼりして、きりっとがんばっていた葉っぱがだらりとたれた。そのとたん、たくさんの森の小鳥や動物たちが木陰を求めて集まってきた。木は驚いた。これまでずっと惨めな姿を見せまいと無理してきたのに、本当の姿があらわれたとたん、思いがけず友達が集まってきたからだ。これまで突っ張って生きてきた木は、百年経ってはじめて、無理してがんばらなくても良いということに気づいた。疲れたときは疲れを見せたっていい、つらいときは泣いたっていい、ありのままの姿が一番いいということに気づいた。

野田さん…「今、朗読聴いていて、自分もこの木と同じで、これまで必死になって無理して生きてきたんだなということに気がつきました。なぜかというと、高1のとき、友達から外見のことで馬鹿にされ、人間不信に陥ったことがあったんです。それ以来、人に馬鹿にされないように自分を良く見せようと、外見のことばかり意識するようになったんです。洋服のチェックをし忘れて出かけたりするとそれだけでもうあせった気持ちになったり、人前に出ると常に気を張って緊張していました。普通に外出できるようになるまで10年かかりました。今でもそのときのことがトラウマになっていて、ちょっと人から気になることを言われただけで、すぐ人間不信に陥ったり、今の自分で新しい友達できるかなとか……たぶん自分に自信がないから不安なんだと思う。でも、今日のお話聞いて、もっと自分にやさしく生きようって思いました。こうしたら友達にどう思われるだろうかとかあまり意識しないで自然体でまわりの人とやっていこうって思いました。いくら背伸びしたって自分が疲れるだけですよね。ありのままの自分を受け容れることは心の自立につながることだと思いました。結局自分に力が入っていると友達は寄ってきてくれないし……今までずっと突っ張ってきたんで、今日は何だか肩の力が抜けて気持ちが楽になりました。安心したというか、やさしく包まれた感じです。先生に出会ってからの僕の変化は、少しずつだけど、考え方がプラス思考になってきたことかな……」

考察

今回、この作品を野田さんのために朗読したのは、野田さんと、この作品の主人公の百歳になる木が、心の捉え方の面で重なるところがあったからである。野田さんを見ていると、常にまわりの目を意識しているようなところがあり、こうあらねばならぬといった観念に縛られて全身に力が入っている感じが強かった。期待どおり、野田さんはこの作品からありのままの自分でいいんだということ、人生を楽に生きるには心の力を抜くことが必要だということを悟ってくれた。

心の問題の解決法はまず自分を知ることからである。しかし、自分を客観的に見ることは誰しもなかなか容易なことではない。そういった意味では自分の心の状態に近い物語りを聴くことは、自分を知る一つの契機となる。

物語りを聴く楽しさは不思議といくつになっても変わらない喜びがある。しかも物語りの世界は自分とは関係ない非現実的な世界だからこそ安心して心を遊ばせることが出来るのだ。もちろん、物語りのなかに心の問題の解決法が書いてあるわけではない。野田さんのように、主人公に自分を投影し、あれやこれやと思いを巡らせているうちに本当の自分に気づき、どうすれば良いかという解決策が見えてきたりするのである。

それ故、セラピストは、クライエントの心の問題がどこにあるのかをしっかり見極め、その上でクライエントにふさわしい作品を選択することが大切である。

朗読セラピーを受けて——手紙文

次に紹介するのは、野田貴一さん自身が筆者に宛てて書いた貴重な手紙文である。野田さんは筆者のカウンセリングとともに精神科デイケアの集団朗読療法（朗読セラピー）も並行して受けていた。手紙文はその朗読セラピーを受けて、野田さん自身が身体と心にどの様な変化が起ったかについて綴られている。

手記——(1)

「楽しくて楽しくて……」

野田貴一

橘先生の時間の呼吸調整法、リラックス発声法のことですが、〝元気が出て、リラックス出来て楽しい〟というのが僕の意見です。この橘先生の発声法の方法や効果を僕は学びました。そしてそれを実際行うと元気な気持ちになるのです。これは僕ひとりの時にも、鬱の状態のときにやってみましたが、やはり何か元気が出てきて、それから（鬱状態からの）気が紛れて精神状態がだんだんと安定してくるのです。この方法を繰り返しているうちに気持ちがリラックスして肩の力が抜けて何かフワッとしたような感じになれます。

さらに楽しいというのは、そのあとに僕らが先生の指導のもとに行う、朗読やセリフ練習のことです。いつもやる課題のセリフもとても楽しいですし、また、つい最近行った朗読ドラマのセリフも楽しかったです。デイケアの場で何人かの人たちでやるので面白味があります。やる方も見ている方も楽しめます。楽しくて楽しくて仕方ないと言った感じです。恐らく僕の人生でこういった体験は初めてのような気がします。これからも、もっともっとやらせてください。

手記⑴について

考察

この野田さんの手記には、筆者が朗読療法のセッション前半で行っていることについての感想が述べられている。野田さんはセラピーを受けてその感想を、リラックスする、元気が出る、楽しいといった言葉で表現されている。また、同じことを鬱状態のときにやってみたら、精神が次第に安定してきて鬱症状の改善が見られたということも述べられている。

野田さんの文面を考察すると、朗読療法を受けたことによって、野田さんに、気持ちの解放感や精神の安定化さらには活力が出るなどの効果があったことがわかる。

野田さんは手紙文の最後で自分の気持ちを「楽しくて楽しくて仕方ないといった感じです」と表現されている。野田さんが全身で楽しさを感じているのが伝わってくる。実際この朗読セラピーの時間は、鬱症状を抱え苦しんでいる人たちがほとんどにもかかわらず、なぜかいつも楽しい笑いに包まれている時間だ。普段精気がなく無表情の人がいい笑顔に変わるのを見ると、朗読セラピーの時間が彼らの感情表出に役立っていることを実感する。

手記―(2)

「本当の自分に出会えた」

野田貴一

僕がデイケアで朗読セラピーの時間に参加するようになって約1年半ほど経つと思います。

最初は初めての体験ということもあり、軽い気持ちで参加していたのですが、徐々に朗読の内容世界（先生の声で表現する魅力も含めて）に対する興味や関心が強く大きくなっていきました。というのは、先生の声で表現されるおはなしを聞いていると、なぜだか心がホッとしたり温かさや不思議さそして幸せな気持ちが起こってくるのです。先生の朗読は、例えば動物、植物、物までが意志を持ち、魂で訴えかけてくるような感覚を起こさせ、何か不思議な世界に引き込まれるような感じを覚えます。一話一話どれも魅力的なお話の世界で、これまで考えた事もなかった事柄をあらためて考えさせられる機会でもあります。

物語りの内容や、そこから学んだことがずーと後まで残っていて、自分にとって教訓になったり、人との関係の上で役に立ったりと、生活や人生にプラスの影響を与えていると思います。いろいろな意味で、今の自分の精神や生き方の姿勢といったことをあらためて気づかせてくれるので、僕にとってはとても意味深いものとなっています。何かとても大きな大事な事を気づかせてくれるそんな機会なのです。もちろん僕以外の聴き手である他の人達にとっても、それぞれの状況によって捉え方や受け取り方は様々でしょうが、記憶の中に何かしら残り、その後の人生で何か問題に直面したときにセラピーで学んだことが生かされるように思います。

僕は中学の頃からクラスメートに友人がひとりもいなくなり、高校も不登校が続き、その後も引きこもりで10年以上外の世界の人たちとも交流がなく、闇の中で年月を過ごしてしまいました。悪に走りかけた時期もありました。いまだ精神の苦しみを抱えながら生きていますが、最近になってようやく僕にとって生まれて初めて良い友達や良い先生、スタッフの人たちに出会えたことは有難い気持ちです。

僕も正直に本音を言えば誰かに救ってもらいたいと思っています。あと何年か人生を生きてみて、精神的に乗り越えられるような自分が形成されることを願っています。そしてそれが実現できたなら、今度は自らのできる範囲で苦しんでいる人たちを何らかの形で助けてあげたいと考えています。先生のおかげで本当の自分に出会えたと思っています。これからもお体に気を付けてお仕事の方頑張ってください。

僕も一生懸命頑張ってみます。

手記(2)について

考察

この野田さんの手紙は文面にもあるように、野田さんが朗読セラピーを受け始めて1年半ほど経ったころに書かれたものである。野田さんは精神的身体的にさまざまな症状に悩まされながらも常に自分を見つめながら苦しさを乗り越えようと、筆者のカウンセリング及び集団朗読セラピーを受けながら頑張ってこられた。

今回の手紙は集団朗読セラピーのセッション後半、つまり、「朗読鑑賞法」を受けたことによる野田さんの心理的変化や内面の気持ちが表現されている。朗読によって野田さんにどのような心理変化が生じたかがわかる表現を、文面から拾い出してみた。

・心がほっとする感覚

・暖かい気持ち
・不思議な気持ち
・幸せな気持ち

以上の表現から推察できることは、野田さんの心理状態が朗読セラピーを受けたことによって、プラスの方向に向かっていることである。

野田さんは手記の中で次の様に述べている。

……朗読セラピーを体験して、朗読セラピーが自分の内面や生き方について改めて気づかせてくれる機会となった。また、朗読セラピーで学んだことが、人間関係や生活のなかで役立ち自分の生活や人生にプラスの影響を与えていると思う。いまだ精神の苦しみを抱えながら生きているが、あと何年かして精神的に乗り越えられる自分が形成されたなら、今度は自分と同じ様に苦しんでいる人たちを助けてあげたい……。

こういった文面から、野田さんが、朗読セラピーを通して自身の置かれている現状をあるがままに受け容れ、試行錯誤しながらも前に向かって歩き出している様子がよく伝わってくる。

今回、野田さんの手記を頂いたことで、あらためて、朗読療法が野田さんの精神に大きな影響を与えていたことを認識することができた。特に精神科の患者さんの場合には、患者さん自らが自分の心身の変化ついて述べる機会は少ないので、こういった手紙文は朗読療法の効用を考える上で大変貴重なものである。

第二節　事例２　「コブタの気持ちもわかってよ」——心の闇を抱えて

山本由佳さん　17歳（高２女子）

主訴：不登校、睡眠障害、感情コントロール機能低下、イライラ感、意欲の停滞、破壊行為、自傷行為、引きこもり傾向

家族構成：両親、本人、妹（13歳中１）

初回面接は母親と来室。２回目以降の面接については、由佳さんのカウンセリングが中心で、並行して母親の面接の時間も随時取っていく方向で行うことにした。

由佳さんの最初の面接は、自分の顔に自信がもてないとの訴えから始まる。

筆者：「そんなにかわいい顔をしているのにどうしてそう思うの？」と聴くと、

由佳さん：「そんなこと言われても人の言葉は絶対に信じられない。」と、面接始めから攻撃的な反応。

由佳さん：「頭は悪いし、性格も暗いし、消極的で、不器用で、泣き虫で、何もいいところがない……」と矢継ぎ早に欠点を並べたてる。

自己の過小評価から、かなり自尊心の低さも伺われた。人に対しても心を固く閉ざしている様子が伝わってくる。また、妹コンプレックスも強く、妹は自分と正反対で、顔も整っているし、頭もよく、性格も明るいし社交的、友達からも人気者で、そんな妹を見ているとますます自分が情けなく惨めになってくると、妹との比較の中で自己を捉えているようだった。こんなどうしようもない人間は家族にとっては無用の長物、みんなで自分を厄介者扱いしていると断定。小学6年ころから始まった自室閉じこもり傾向もそんな被害妄想的な観念から始まったようである。しかし、自らの選択とはいえ、家族がいながら、ひとり孤立感を感じる時間はとても辛いといった本音も聞かれた。

母親は由佳さんについて、子どものころから内気でおとなしく、ほとんど自己主張するようなことはなかったと話す。そんな由佳さんが突然切れ始めたのが高校へ入学してまもなくの頃。それまで一日たりとも学校を欠席したことのない由佳さんが突然学校へ行けなくなってしまった。希望した高校の受験が失敗に終わったことが心のしこりとなり自信喪失に陥ってしまったからである。その頃からすべてのやる気は消え失せ、それと同時にこんな駄目人間になったのは自分のせいじゃない、親に責任があると、それまで抱えていた内面の葛藤を両親への攻撃という形で爆発させた。いったん興奮すると、大声で泣く、わめく、物に当たるといった破壊行為や自傷行為も日々エスカレート。親への激しい怒りと妹への憎しみは募る一方だった。

家族は、豹変した由佳さんの行動に腫れ物に触るように対応、それが返って由佳さんを逆上させる結果となる。本気で自分にぶつかってこないのは自分を大事に思っていない証拠であり、自分から逃げているだけだと。さらに家族への不信感を募らせ、両親への攻撃は激しさを増してゆく。家族は由佳さんの突然の変わりようにあわて始めた。物静かであんな内気ないい子が突然なぜ……

由佳さんの心の傷は思ったより深いものだった。

数回の面接が過ぎても、話す言葉は非常に丁寧で何となく心打ち解けない様子が伺われる。人の言葉は信用できないと訴え続ける由佳さん。つまり、裏を返せば一番信頼できるはずの親が信用できないのだから、ましてや他人の言うことは信用できるはずもないというのが心の内にあったようだ。自分に対し、親の言ってることとやってることが違うというのが由佳さんにとっては許しがたいことのようだった。自分が本当に辛かったとき助けてくれなかったこと、守ってくれなかったことなどを思い返すと、自分に対する両親の愛情が実感できないのだ。そういった両親への不信感が、すべての人間不信にまでつながってしまった様である。

これまで由佳さんは、生来の内気な性格から両親に対する不満を言葉に出来ず成長してきた。親の愛情にも確信が持てずいつも不完全燃焼のままだった。由佳さんの問題行動の数々は満たされなかった親の愛情への確認作業のようにも受け取れた。

筆者は、まず、由佳さんの押し込められた感情を言語化していくことから始めた。由佳さんのカウンセリングは、人への信頼感と自信の回復、感情の言語化などを目標に、由佳さんが心のバランスをとり戻していけるよう、随時、朗読を取り入れながら面接を行っていくことにした。

朗読作品は、その都度由佳さんの心の状況を踏まえた上で選択。

由佳さんのカウンセリングの目標は、主に次の4項目に焦点を当てることにした。

・ラポールの形成（人間関係の上での信頼感の回復）
・感情の言語化
・気づき（両親及び妹に対する自分の本当の気持ち）
・思考の転化

① **×月×日**

朗読「コブタの気持ちもわかってよ」

あらすじ：言葉に出来ないコブタの内面の気持ちにスポットを当てた作品。本を開くと、大きな四角の線の中には、コブタの日常のいろいろなシーンが描かれている。両親がコブタに投げかける言葉に対して、口に出せないコブタの心の呟きが1シーンごとに描かれている。

筆者は、由佳さんの気持ちを代弁するようなコブタのひとつひとつの言葉を、由佳さんの耳に心を込めて語った。読み進めるうち、由佳さんの表情に変化が見え始めた。目には大粒の涙があふれ、コブタの一言一言にじっと耳を傾けている。

筆者のコブタの声は、この後、由佳さんが自分を取り戻していく上で重要なきっかけとなった。

自分だけが悲劇の主人公と思っていた由佳さん……。これまでの由佳さんの問題行動は、自分の感情をうまく言語化することが出来ないため、即、行動化されたものであろう。

朗読後の由佳さんの表情の中には、これまでとは明らかに違う、何か吹っ切れたものを感じた。

由佳さん：「先生、この本、また、次の面接のときも読んでもらえますか？」「この本どこに行けば買えるんでしょうか？」「ちょっと見せていただいてもいいですか？」

由佳さんは、本を手に取ると面接終了まで、ページを何度もめくったりしながらコブタのさし絵を一つひとつ眺めていた。

由佳さんはこの日を皮切りに、自分の気持ちを息せき切ったように筆者の前に吐き出していった。

声が創る心の病

由佳さんの頭の中で、また今日も同じ声が鳴り響く。その言葉が響き始めると、何も手につかなくなってしまうのである。それは由佳さんが幼い頃から父と母に言われ続けてきた言葉である。

「強くなれ！　強くなれ！」
「ダメねぇ！　ダメねぇ！」
「どうしてこんな子になっちゃうんだろう……」

父親と母親から何度この言葉を聞かされて育ってきたことであろう。この言葉が聞こえてくるたび、由佳さんは奈落のそこへ突き落とされたような気がしたと言う。聞こえてくる言葉から由佳さんが感じる気持ちは次のようなものだった。

両親：「強くなれ！　強くなれ！」
……由佳さんの内面の声　（強くなれたらいじめられてないよ）
両親：「ダメねぇ！　ダメねぇ！」
……由佳さんの内面の声　（ああ、やっぱり自分ってダメ人間なんだ）
両親：「どうしてこんな子になっちゃうんだろう……」
……由佳さんの内面の声　（親の期待に応えられない自分はいらない存在なんだ）

その声の響きは由佳さんの頭の中に染み付いて、今も由佳さんを悩ませ続けている。両親の怒鳴り合う声……それは自分のせい？……自分のような出来の悪い子がいるからけんかするんだ……。

この声が耳に聞こえ始めると、自分を責苛んだつらい日々が蘇り、由佳さんの身体は固まってしまう。

由佳さんが、めそめそといつまでも泣いていると、「泣くな！」と頭から振ってくる父親の怒鳴り声。

涙は恐怖で止まり、由佳さんはそのたび、吐き出せない悲しさを内に押し込める。

父親の大声は切れた時。今ではそれがトラウマとなって、人の大声や大きな物音が聞こえただけで身動きできない状態となり、パニック症状を引き起こしてしまうのである。

性格的に内気で繊細な由佳さんは、ひとり孤独を感じながらもそれを言葉にすることも甘えることも出来なかった。学校に行っても口数も少なく消極的な由佳さんはなかなか友達も出来ず、やがていじめを受けるようになる。両親にいじめを訴えると「友達なんかいらないから強くなれ」と反対にハッパをかけられる。

親から愛されたい気持ちから親の期待に応えようと必死に頑張るものの、思うようにいかない由佳さん。いじめの辛さを受け止めてもらうことも出来ず辛い思いは心の内に押し込められていく。

そのうち由佳さんは、自分は親から愛されていないから助けてもらえないんだと考えるようになる。どうしたら親から愛されるのだろうか。泣けば親が注目してくれる。由佳さんの泣き癖も親の関心を惹くため無意識的に習慣化されてしまったのかも知れない。

両親はそんな弱々しい由佳さんを見て、さらに、「強くなれ！　強くなれ！」とハッパをかけ続けたと言う。

由佳さんの自信は益々消失していく。そんなどうしようもない自分と引きかえ、妹は親の期待通りにすべてをこなし愛されている。妹のようになれば自分も親から認められ愛されるようになるかも知れない。そう思って必死に頑張ってみても妹の足元にも及ばない。常に妹との比較の中で葛藤する日々。結局、自分は駄目人間というレッテルを貼ってしまうのである。

由佳さんがそんな風に感じているとは夢にも思ってもいない両親は、出来るだけ由佳さんが現状に甘んじないよう「だめねぇ…」という言葉で奮起させようとする。

親からほめられた記憶が一度もないと筆者の前で寂しく笑う由佳さん。

由佳さんの自尊心の低さはそういった生育過程から来ているように思われた。親の期待通りにいかない自分は、親にとってはきっと無価値で厄介者に違いないと自分を責めつづける。その結果、日々自傷行為に走る由佳さん。しかし身体をいくら傷つけても心は癒されるはずもない。ただ惨めな自分を突きつけられるだけだった。

②　×月×日

朗読　「お月とお星」

あらすじ：姉のお月と妹のお星は仲良しの異母姉妹。お月にとって妹のお星は新しい母親の連れ子。継母はお月に何かと意地悪するが、気の優しい妹はそんな姉をいつも気遣っていた。あるとき、お月は継母の陰謀で遠い森の中に埋められてしまう。しかし、妹のお星の機転でお月は助かる。そのまま二人は継母の元へは帰らず、遠く離れた地へ逃げ、それからは一緒に仲良く幸せに暮らすことができたというお話

じっと筆者の朗読に耳を傾けていた由佳さんは妹のことを考えながら聴いていたのだろうか…

由佳さん：「先生、本当は私、妹と仲良くしたいと思っているんです。妹のことは好きだけど、妹を目の前にすると、素直に話ができない自分がいるんです……そんな自分がいや！……妹は何でも出来るからうらやましい気持ちはあるけど……本当は仲良くおしゃべりしたり一緒に買い物に行ったりとかできたらいいなって……

何だか複雑です。」

考察

由佳さんの口からはじめて聞いた妹を受け容れる言葉。それまでは妹に関する話題は攻撃と憎しみだけだったが、物語を聴くことによって、自分の気持ちに素直になれたのかも知れない。今後の由佳さんにとっての課題は本当の自分と向き合っていく作業である。

③　×月×日

朗読「きつねの窓」

あらすじ：男は、子ぎつねにばかされていると知りながらも、親ぎつねしとめたさに誘われるまま子ぎつねの染物店に立ち寄る。子ぎつねから、青く染めた指でひし形を作って中をのぞくと素敵なものが見えると教えてもらう。実際、子ぎつねの作ったひし形の中には人間に鉄砲で殺されたという母親の姿が見える。それを見て、さみしい自分の心を慰める子ぎつねに感動した男は、自分も指を染めてもらう。男のひし形の

図１　イメージ画「ひし形の窓から」

中には幼い頃の自分と亡き妹の姿、おまけに母親の声までが聞こえてくる。感動して家に戻ってくるが、うっかり、染めた指を洗ってしまい元の木阿弥に。その後いくら子ぎつねを探しても出会えない。しかし、なぜか男の心は満たされていた。

由佳さんはお話を聞きながら指でひし形を作って何度も中をのぞいていた。「何か見える？」と聞くと「なんとなく……」

見えたものを絵に描いてくれた。

それは、あんなに憎いと言っていた両親、妹と４人の食卓での団らん風景

（**図1参照**）。

由佳さんの思いがその絵に表れているようだった。引きこもった部屋でひとり食べる食事は辛い時間と、筆者に話していた由佳さん。由佳さんの本当の気持ちは、家族と一緒にテーブルを囲んでの食事である。しかし、由佳さんの描いた絵は一見由佳さんの願望を象徴しているかのようだったが、一人ひとりの人物をよく見ると、それぞれの顔には目も鼻も口も描かれていない。表情のない、つまり、心も感情も見えない顔なのである。ひとつテーブルを囲む家族は、感情交流のない無機的な関係として、由佳さんの心の世界には映っている様だ。

親子間の気持ちのずれはいつしか深い溝を作ってしまったようである。頑なに心を閉ざし、自分を素直に表現できなくなってしまった由佳さん。由佳さんがこだわり続ける楽しげな家族の団らん風景は、由佳さんが永遠に追い続ける理想の家族像なのかもしれない。しかし、理想を追い求めながらも、あまりにさみしい幼少体験は、幸せの中に存在する自分をどこかで否定してしまうトラウマ的な要素をもたらしている。両親に対する憎悪は、逆に自分を受け容れてもらいたいという気持ちの強い表れともいえる。今は、家族が歩み寄ろうとしても、由佳さん自身の猜疑心が自分の幸せの扉を封印してしまっているような気がする。家族の顔に表情がつけられるまでには、いま少し時間がかかりそうである。

母親面接

由佳さんは、幼少のころからの口に出せなかった自分の本当の気持ちを両親に分かってもらいたくて伝えようとするが、うまくいかず不完全燃焼のままである。母親はそんな由佳さんの気持ちをどう理解しているのか。

筆者は母親との面接時に次のような物語りを朗読した。

④　×月×日

朗読「花の好きな牛」

あらすじ：子牛のフェルジナンドは花が大好き。他の子牛たちが楽しく駆け回っていても、ひとり静かにコルクの木の下で花の匂いを嗅いでいる。母親はそんな息子を心配したが、好んでそうしているのだということが分かり、彼の好きなようにさせた。

その後、フェルジナンドは他のどの牛にも負けない大きな強い牛に成長したので牛飼いに目をつけられ闘牛場へ送られてしまう。多くの牛たちのあこがれの闘牛場だが、フェルジナンドの望みは花の匂いを嗅いで静かに過ごすこと。そんな彼を知る由もない人々は「猛牛フェルジナンド」を一目見ようと期待で盛り上がる。闘牛場に連れて行かれたフェルジナンドは戦うどころか、観客のぼうしについている花の匂いを嗅いではただ座り込んでいるだけ。結局使い物にならないと元の場所に連れ戻される。連れ戻されたフェルジナンドはまた、大好きな花の匂いを嗅ぎながら、静かに過ごす日々に満足だった。

朗読のあと、筆者は母親に次のような質問をした。

筆者：「フェルジナンドって、由佳さんと似てるようだけど、由佳さんの場合は本当に好んで一人遊びをしていたのでしょうか？　本人はそのときの気持ちを見捨てられたようで非常に孤独だったと話していますが…」

母親：「そうですよねぇ。今考えると私、あの子のこと、勘違いしていたかも知れません。このフェルジナンドの場合は、一人静かに遊んでいたいということを母親がわかってそうさせてあげてたからいいけど、あの子の場合は一人遊びを好んでいたわけではなく、内気な性格から本当の気持ちを言えなかったんでしょうかねぇ。

下の子が出来るまでは過保護と思われる位、あの子に手をかけていたんですけど、下の子の方は自己主張が強い子で物心がつくようになると手がかかり、何でも妹中心といった感じになってしまったんです。つい、手のかかる方ばかりに気がいってしまって……姉の方はむしろ黙って一人遊びをしてくれる楽な子だとばかり思っていました。実はあの子のことちゃんと見ていなかったんですねぇ。本当は寂しい思いをしていたなんて聞いてびっくりです。

学校に行くようになってからは長女だし、弱々しいままでは競争社会の中で勝てない子になってしまうと思って、本人のためにハッパをかけるつもりで主人と『強くなれ、強くなれ』って言い続けてきたんです。でも今思うとそれがかえってあの子にとっては負担だったのかも知れないと、子牛の話を聴きながら思いました。成績にしてもほめたら現状に甘んじてしまうので、極力『これではだめよ、だめよ』という言葉でがんばる気を起こさせようと思ってきたんですけど……

まさかそんな言葉で辛い思いをしていたなんて……今思うとねぇ、かわいそうなことをしたと思います。」

考察

この由佳さんの問題は、由佳さんの家庭だけでなく、現代の日本の家族というテーマを考える上でとても重要な意味を含んでいる。家族のそれぞれの思いがどこかですれ違ってしまったために起こった問題と言えよう。親の思いと子どもの思いにはずれがある。多くの親は子どもの将来を考え子どもに良かれと我が子を教育する。しかし、往々にして親の強い思いだけが先行して、子どもの心の声に耳を傾けていないケースが多いのではないのだろうか。

子どもは一人ひとり違うということを認識し、常に子どもの心に届く声かけが大切なのではと思う。

真面目でやさしい子どもほど大人の期待に応えようと一所懸命良い子を演じてしまう。親の期待を裏切ったら見離されるのではないかという不安もプラスする。その結果、親の期待に応えられなかったときには精神的に行き場がなくなり、心のバランスを失ってしまうケースが多い。

子どもは親が大好きである。親から認めてもらいたい、受け容れてもらいたいと常に思っているのだ。それはお金や物を与えてもらうことではない。自分は親から受け容れられているんだという「確かな声」が聴きたいのである。

由佳さんのケースも然り、親から自分は受け止められていると確信できるものが欲しかったのである。

人と対面するとき、常に心のアンテナを立てていると、見えない心の声が自然と聞こえてくる。最近では、言葉をただの伝達手段としか捉えられなくなった世の風潮が、人間関係を希薄なものにしてしまっているように感じる。多くの人たちが、声の響きが心にもたらす重要性を心に留めてくれたらと願うばかりである。

第三節　事例3　「明るいほうへ」——声の響きが心を開く

浜田美紀さん（28歳、女性）

主訴：気分の落ち込み、意欲停滞、睡眠障害、自殺願望

家族構成：夫（別居中）、子ども（4歳男児）

×月×日（初回面接）

離婚訴訟中の浜田美紀さん28歳は4歳の息子と実家に身を寄せている。数ヶ月前から気分の落ち込みが激しくなり、日々エスカレート。

数日前に、両親のみの面接で美紀さんのカウンセリング依頼を受け、この日は心配する両親に付き添われて来院。化粧気のない長身でスリムな彼女は年齢より幾分若く見えた。かなり精神状態が不安定な為、歩くのもおぼつかない感じで入室した。両親のそばから離れるのも不安気である。そこで母親だけ一緒に同席しての面接となった。

最初は何かに怯えたように体を硬直させていたが、少しづつ会話のやりとりをするうち、安心したのか落ち着きを取り戻した。母親に、もう大丈夫だからこの場にいなくて良いと意思表示。母親は時間を見て迎えにくるということで退室。

精神状態はかなりナーバスなため、記憶の整理はやや難しい状況。少しづつ話をしていくうち、断片的に見えてくる美紀さんの心象風景が、詩人の「金子みすず」の詩の世界と重なり始めた。今の美紀さんには「みすずの世界」がふさわしい。現在の精神状況から考えて、今日のところは静かにみすずの世界を語ってあげよう。そう思い、さりげなく詩の世界に話題を転じてみると、自分で詩を作るのが大好きで、詩を書いていると心が落ち着くという美紀さん。そして偶然にも金子みすずは美紀さんの大好きな詩人の一人だったのである。

ごく自然に、金子みすずの詩の朗読に入っていくことが出来た。詩集の中の何篇かを、彼女のために朗読した。その間、彼女は目を閉じ、静かに聴いている。時間はゆっくりと流れ、ふと気がつくと、彼女の頬は涙で濡れていた。

美紀さん：「先生、わたし、今、薬のせいで内容を理解するのは大変だけど、先生の声の響きがとても心地いいんです。心が静かになって、落ち着いて……このままもっと聴いていたいから続けてください。」

そこで筆者は、金子みすずの詩の朗読を彼女のために、再び続けた。

美紀さん：「先生、わかりました。なぜこんなに気持ちがいいのか。先生は、わたしのために、心を込めて語ってくれるからです。きっとそうだと思います。声の響きが心に染み入るような感じで、今までこんな経験したこと一度もありません。」

朗読を機に、美紀さんはすっかり落ち着きを取り戻したようだった。

（その後暫くカウンセリングを続行。）

美紀さん：「先生、わたし今日、久しぶりに笑いました。だって、先生が笑っているから。人が笑っているのを見るのっていいですね。わたし、何年ぶりに笑ったでしょう。まわりはわたしの鬱が移るといって、近づいただけで嫌な顔します。わたし、今日、先生からたくさんパワーもらいました。今日は家に帰ったら、子どもに笑いかけられそうです。だって母親の笑顔を知らない子どもなんてかわいそうですよね。

先生、最後にもう一度だけ、金子みすずさんの『明るい方へ』という詩を聴かせてください。この詩、いいですね。今、先生の声でこの詩が聴きたいです。お願いします。」

明るい方へ　明るいほうへ。
ひとつの葉でも
日の洩《も》るとこへ

藪《やぶ》かげの草は

明るい方へ　明るい方へ。
羽は焦《こ》げよと
灯のあるとこへ
夜飛ぶ蟲《むし》は

明るい方へ　明るい方へ。
1分《いちぶ》もひろく
日の射《さ》すとこへ
都会《とかい》に住む子等《こら》は。

以上が、美紀さんの第1回目の面接経過である。今回、朗読が美紀さんの心の変容に大きく役立っている。自分に語りかけられた声の響きを心地良いと感じ、安心感と共に落ち着きを取り戻し、わが子への関わり方など内省する心の余裕まで出てきた。

美紀さんは筆者の声の響きの心地良さを、心を込めて語ってくれるからだと表現している。

彼女の顔に自然に笑みがこぼれたとき、美紀さんは自分の中にも笑顔があったことを思い出す。何年も笑うことを忘れていたと言う美紀さん。

「人が笑っているのを見るのっていいですね。」その言葉が自分の口から出たとき、息子の顔が浮かんだのだろう。美紀さんは、母の笑顔を知らないまま育ってきた我が子の不憫さに気づく。今日、自分が感じた笑顔のぬくもりを息子にも感じて欲しいと思ったのかも知れない。

今回、美紀さんは、朗読によって心の落ち着きを取り戻し、朗読を取り入れたことで初回面接にもかかわらず効果的にラポールも築き上げられた面接だったと思われる。「今日は家に帰ったら子どもに笑いかけられそうです」と、ニッコリ部屋を出て行かれた美紀さん。来室したときの不安げな表情はどこかに消えていた。

この面接を皮切りに、美紀さんは隔週ごとに一年間、筆者のカウンセリングを続けた。現在は独り立ち出来る様にと仕事も少しづつ始められ、いつの日か人のために役立ちたいと、筆者の下で朗読学習にも励んでいる。生き生きとした声で朗読し、ステキな笑顔の美紀さんがいる。

第四節　事例４　「ある母親の話」――摂食障害に苦しむ娘を持って

山村美帆さん　13歳（中1女子）

主訴：摂食障害、破壊行為、集中力減退

家族構成：両親、祖母、本人

中学1年の山村美帆さんは名門の私立女子校に通っていた。母親に連れられて相談室を訪れた制服姿の美帆さんは、髪の毛の長いほっそりした色白の女の子であった。一見もの静かな印象を受けたが、口を開くと忙しそうにしゃべり、面接中の彼女の視線は、常に斜め45度下に向けられたままだった。空笑いが多く、話し始めると身体中が痒くなるのか、身体のあちこちを掻きながら話をする。一目で痩せているのが分かるほどの体型だが、自分は太っているから嫌だと面接中そのことを何度も訴えた。

母親の話では、ここのところ甘いものを口にしてしまった後の荒れ方がとみにひどくなってきたとのこと。登校前に、泣く、喚く、物を投げるといった行為を頻繁に繰り返すようになり、集中力も減退気味で、このままだと成績が落ちて進級できなくなるかも知れないと不安な様子。せっかく入った学校なのに将来に影響したらこまると繰り返す。

完全主義者の母親は美帆さんが幼少の頃、甘いものを絶対食べさせないことと、規定時間に食事をとることを特に厳しく躾けていた。その背景には自分が昔太っていたことからいじめられ、それがトラウマとなっているからだと言う。

そういった厳しい躾けの反動からか、小学校の高学年ころから美帆さんは母に隠れて甘いものをめちゃ食いし始める。それが元でだんだんと肥満になっていった。今度は、そのことを友達から指摘され、反対に過激なダイエットが始まり、急激な体重減少で病院への通院を余儀なくされる。その後、体重はいくらか戻ってはきたものの、今も甘いものを食べては激しい自責の念に陥り、その結果、母親を激しく攻撃するようになってきたという。また、時間どおりに食べなくてはいけないという強迫観念が常に現在の彼女の行動を支配しているようだった。それは夕食を定刻の時間にとらないとその後の食事すべてに支障が起きてしまうと考えるからである。美帆さんのめちや食い行動の裏には、母親との関係性の中で、言葉に出来ない感情が渦巻いていたのであろう。

筆者は母親との面接の必要性を感じ、美帆さんのカウンセリングと同時並行で別々に行っていくことにした。

母親面接

×月×日

面接3回目で、筆者は『ある母親の話』という朗読をした。それまで、自分の育て方に落ち度はないはず、娘の気持ちが分からないと強調していた母親であったが、驚いたことに目に涙を浮かべながら筆者の朗読に耳を傾けていた。

朗読　「ある母親の話」

あらすじ：病気の幼い息子を死神に連れて行かれた母親が、どんな災難も受けて立つ覚悟で死神のありかを突き止めに行く。道中、死神の居場所を教えてもらうための引き換え条件に、自分の両目や髪の毛を取られながら、子どもの元へと向かっていく。やっと我が子のありかを突き止めるが、死神から自分の子どもの一生を暗示する光景を見せられ動揺する。子どもを手放したくない母親の心境は複雑だが、わが子の命は神様の御心に従うのが一番と泣く泣く自分に言い聞かせる。親の思いは子どもの幸せとは限らないことを悟って死神の元を去る。母親の我が子への思い、強さ、葛藤を描いた作品。

母親：「今、自分と娘のことを重ね合わせて聴いていました。先生のお話を聴きながら自分の心がとてもよく見えてきました。私は娘の幸福を一番に願っていたのだろうかと。自分には母親としての資格がないのかも知れません。子どもがあんな風になってしまって早く元に戻ってくれたらと思っていましたけど、私のほうが問題なのかも知れないと……。なんか今日はまったく違う視点で子どものことを考えたような気がします。」

この朗読をきっかけに母親の心の帳が外されたようだった。それまでは、自分の子育てに落ち度はなかったはずなのに、といった自分への守りの言葉が目立ったが、朗読後は母親の態度に変化が見られた。心の内を本音で語り始めたのだった。

母親は子ども時代、過保護過干渉で育てられたと言う。その後も、周囲から一卵性親子と称されるほど実母との密着度は深く、未だその関係から脱し切れていないというのが現状のようだった。

つまり、この母親のケースは、発達過程において母子分離ができず、人格的成長がされないまま大人になってしまったと考えられる。結婚して子どもが出来ても、精神面で大人になりきっていない母親は、どうしても子どもの存在を受け入れることができないのである。母親は、今でも大人になりたくない、子どもでいたいと言い切っている。自分が子どもでいることによって自身の母親と自分との関係性が維持できると思い込んでいるからだ。実母とは今でも同居していて、食事時は、自分を巡って実母と美帆さんの心理的争奪戦があると言う。

子離れ親離れできない親子関係が母親にあった。孫ができても未だ自分の娘に執着する実母。その実母への精神的依存から逃れられない母親。母の愛情を何とか自分に向けようと抵抗する娘。それは三世代に渡って歪められた愛情表現の図式である。

昔も今も子どもは大嫌いと言い切る美帆さんの母親。そのことで夫から非難されたこともあり、次第に自責の念に襲われるようになる。そこで自責の念から逃がれるために子どもを世間的評価の高い道を歩ませることでそのギャップを埋めようとしたのである。つまり、それは世間的な体裁と子どもへの罪滅ぼしだったとも考えられる。

美帆さんの父親も母親も元々完全主義だった。一人っ子の美帆さんはそういった両親と過干渉の祖母の三人の大人たちからの期待を一心に背負ってきたのである。常に完璧であることが求められ、その期待に必死で応えてきた。それは美帆さんにとっては母親の愛を獲得するためのけなげな努力だったのである。

美帆さんは母親が自分のことを本当に愛していないことをどこかで敏感に察知していたのであろう。母の期待通りにしていれば母は喜んでくれる。母の期待を裏切ってしまったら自分は見捨てられてしまうかも知れない。そんな恐怖が常に良い子でいることを余儀なくさせていたのだった。

母親は自分の子ども嫌いを娘には悟られない様、常に言葉かけには配慮して来たと言う。しかし、娘は言葉とは正反対のメッセージを声の響きのなかに感じながら成長してきたのである。

母親と祖母から掛けられる言葉と、その言葉が伝えるメッセージとは相反する非言語的メッセージを同時に受け取りながら美帆さんは成長した。甘えたくても甘えることも出来ず、甘えなければ子どもらしくないと怒られ、次第に口数も少なくなってゆく。それでも母親の期待に応えようと一心に勉強する美帆さん。

しかし、思春期を迎えた頃から、だんだん母親の期待に応えられない自分への葛藤が、摂食障害という症状を引き起こす。それは、無意識のうちに母親の抑圧に対する抵抗であり、自立への第一歩でもあった。食事や体重に関してのみ反抗を示すことが出来るからである。

今回の美帆さんのケースは、母親が子どもに全く愛情をもてなかったことに丹を発している。美帆さんは母親から掛けられる言葉とは正反対のメッセージを十三年間に渡って身体全体で受け取ってきたことになる。美帆さんの現在の症状は、真に自分を受け止めてもらいたいと願う母親への強い叫びと言えるであろう。

現在、母親は、美帆さんに四六時中翻弄され、苦しみ、はじめて自分自身の内面に目を向け始めている。美帆さんの症状回復には、まずは母親の精神的自立が先決であり、美帆さんの病気はそのきっかけを作ったとも言えそうである。

第五節　事例5 「わたしはシンデレラ」——不登校を乗り越えて（場面寡黙）

小田さやかさん　14歳（中二女子）
主訴　不登校、医師による診断名（場面寡黙）
家族構成　両親、姉（17歳フリーター）

筆者が最初にさやかさんに会ったのは彼女が中学2年生になったばかりの新緑まぶしい頃だった。小学5年頃からいじめがきっかけで不登校となった彼女は、中学に入って、1学期間だけは何とか登校したもののそれ以後またもや不登校となり、中二の1学期を迎えた。

担任の先生の勧めもあって、心配した母親がさやかさんのカウンセリングを希望してきた。

筆者は、週2日さやかさんのカウンセリングを行うことにした。とりあえず適応教室に行って勉強のフォローをしながら、学校の授業は週一教科、1時間なら行くことができるという本人の希望を尊重し、そこからスタートすることにした。

筆者がはじめてさやかさんに会ったとき、こちらの問いかけに対し、頷いたり首を横に振ったりの反応はあるものの、ほとんど言葉は発しない状態だった。しかし唇《くちびる》は微妙に動いている。そのまま根気よく返答を待つと、ほんの微かに声が返ってきた。

さやかさんは勉強の面で遅れはあるものの、勉強意欲はあるようだった。さやかさんの一番の問題は、まずは人に伝わる声で話せるようになることである。集団生活で会話がうまく成立しないとまわりとのコミュニケーションもうまくいかず、それが不登校の原因となる場合がある。

さやかさんの育った家は、事情あって常に雨戸が閉めっぱなしの状態だった。留守を装った状態の中で、大きな声を出すことは禁じられ、家族が部屋の中で話すときはほとんどひそひそ声だった。彼女の中では「ささやき声」が普通の日常使う当たり前の声だった。小さい頃から家で過ごすことが多かったさやかさんは姉と二人でよくTVアニメを見ていた。そのTVからの音声もかすかに聞こえる程度だったようである。

学校に行くようになっても、さやかさんは自分の声が他人に伝わっていないという認識さえもっていなかったのだった。まわりとのコミュニケーションは少しずつ難しくなっていく。結局、集団の中でひとり孤立してしまう様になり、人に働きかける不安や緊張感はさらに増した。

しかし、自分の声が相手に届いていないという自覚は、中学2年になっても持ち得ていなかった様である。

筆者は彼女がアニメ声優になりたいという強い願望をもっていることを知った時はまさかと驚いたが、それもそのはず、彼女自身は自分の声が相手に届いていないことをまったく自覚していなかったのである。この年代の女の子たちの多くが、声優にあこがれ自分もそうなりたいと思うようにさやかさんも同じだった。特にテレビのアニメづけで育ってきたさやかさんにとってはなおさらそういった願望を持ったのだろう。

当初、そういった願望があるということは、もしかしたら彼女の抱える問題にとってはいい方向に繋がるかもしれないと筆者は思った。今の彼女にとって必要なこと、それは自分の声を正しく認識し、人との会話が成立することである。それには声優になりたいという彼女の夢を利用して、正しい声の使い方を気づかせるいいチャンスかもしれないと思った。適切に人に届く音声を身に付け会話する楽しさを覚えていくことで、対人関係にも自信がついてくるのではと考えた。

そこで、遊びの要素を取り入れた朗読療法を試みることにした。そして実際、彼女は実に素直にこちらの働きかけに反応してくれた。以下はその実践経過である。

ステップⅠ

目標：・音声表現に興味を持たせる
　　　・お話を聴く楽しさを味わう
　　　・聴くことによる集中力、イメージ力をつける
内容：・色々なお話をたくさん語って聞かせる
効果：・小さい頃から、誰からもお話を語ってもらったことがないというさやかさん。表情はないが、熱心に聴き入っている様子。カウンセリングの時間の中で聴きたがるだけ読んであげるよう試みた
学校：・国語の授業に1時間出席

ステップⅡ

目標：・感じたことを言葉で伝える

内容：・一緒に図書館に出かけ、さやかさんの選んだ本を筆者が朗読
効果：・声をいろいろに変化させ朗読すると、かなり興味を示し始める。感想を口にするようになってきた。しかし、言葉で表現できないもどかしさもあるのか、感想文を書いてきたいと希望。さやかさんの文章からはお話に心を動かしている様子が非常によく読み取れた
学校：・国語が好きということでさらに国語の授業をもう1時限増やして出席

ステップⅢ

目標：・音声表現に自信を持たせる
内容：・自分の書いてきたものを声に出して読んでもらう
効果：・声はまだ小さいが、自分の感想を朗読。物語り朗読では、筆者がわざと表現の仕方に悩む様子を見せると、こうした方がいいと思うなどのアドバイスをしてくる。そのアドバイスを「すごいね」と評価してあげるとそれが自信になってか、この頃から音声表現に対しての意欲が次第に強まってくる
学校：・国語に加え、数学の授業も受けたいと希望

ステップⅣ

目標：・人に伝わる声を出す

内容：・声優になるための基本条件を理解させ声出しの訓練に導入していく

・自分の声の大きさを十分認識させるため、ボールを使った言葉のキャッチボールをする（２人でボールをなげっこしながらしりとりをしていく。ひとつできたら、お互いに１歩づつ下がって距離をとっていく。聞こえなければ、相手に声が聞こえるまで試みる）

効果：・次第に少しづつこちらに声が届くようになってきた

ステップⅤ

目標：・自分の声を客観的に認識させ、普段の音声表現への自信につなげる

内容：・セリフの練習（まずは物語りのセリフ（部分）だけを取り出し、役になってトライさせる）。声をテープに取り何度も聴いてみる

効果：・声優志願だけあってセリフの練習は以外に抵抗なく入ってくれた。声はまだ小さいものの、役になりきってトライしている様子が伺えた

・テープで聞き返す作業は結構効果があったようだった。自分の思った感じと違っていることに驚き、聴くたび首を傾げていた

・この頃から友達とも少しづつコミュニケーションがとれ始めてきたようだった。自分が声優になりたいと話したら応援してくれたこと、また高校進学についての話をしたことなどを話してくれた。一緒に話ができる友達ができたことで表情も明るくなってきた。

学校：・国語、数学に加え理科と英語の授業にも出席

ステップⅥ

目標：・目的達成に向けて最後まであきらめないで頑張る

・一緒に成し遂げる作業の楽しさとその意味を知る

・作品朗読に挑戦

内容：・さやかさんの選んだ作品は「シンデレラ」。さやかさんと筆者で役割を分担して最後まで朗読を完成させる

効果：・物語り朗読を通して声の変化、調節ができるようになる。さやかさんはシン

デレラになりきっている様子でセリフが生き生きとして来る。笑顔も見られ、最後まで演じることが出来た。この時期、学校は運動会に向けての練習が始まり、驚いたことにさやかさんは運動会に出たいと希望し練習に参加。運動会の練習の話で盛り上がる。運動会がきっかけとなり、学校の出席時間もさらに増える

学校：・これまでの教科に体育が加わって5教科出席

ステップⅦ

目標：・音声表現を通して人との関係を学ぶ

内容：・比較的短い作品を選び一人で朗読を完成させる

効果：・さやかさんが朗読した作品はハンス・ウィルヘルム作「ずーっとずっとだいすきだよ」この作品は筆者が以前、動物好きのさやかさんのために読んだ作品。動物好きのさやかさんは目に涙を溜めて聴き入った作品でもあった。人に伝わる声で読めたこと、心を込めて読んでいる様子が音声から伝わってきた

学校：運動会参加を果たす

・さやかさんはこの頃になると高校進学のことで悩んでいた。家に金銭的負担をかけたくないが、高校には行きたい気持ちが強いという。家族と相談して、普通校がだめなら夜間でもいいから進学させてもらうと話す言葉の中に、さやかさんの強い意思が感じられた。そのためにはかなり勉強しなければならないことも自覚し始めているようだった。さやかさんが自分の気持ちを自分の言葉でこんなにはっきりと語ってくれたのははじめてだった。

考察

朗読療法を行った約半年間の過程は、筆者にとってもさやかさんにとっても、彼女の夢に向かって共に歩いた楽しい一時だった。カウンセリングに朗読を取り入れたことで、適切な声が出せるようになり、自分を表現することにも自信がついたさやかさん。話ができる友達ができたことはさやかさんの心の成長に大きな支えとなったと思われる。

誰でも夢を持つということは大切なことである。それがどんなに高い目標であっても実現の可能性は誰にでもある。目標を持つことで、今の自分が見えてくる。今やるべきことがわかってくる。どんな窮地に立ったとしても夢を忘れない人間でいたいと、さやかさんに出会ってそんなことを思った。

参考文献

今西祐行著『とうげのおおかみ』偕成社。
小川未明著『牛女』新潮社。
金子みすず著『金子みすず詩集』ＪＵＬＡ出版局。
浜田広介著『5ひきのやもり』金の星社。
中野美咲著『百年たってわらった木』くもん出版。
小川未明著『月夜とめがね』新潮社。
小泉八雲著『雪女』新潮社。
小泉吉宏著『コブタの気持ちもわかってよ』ベネッセコーポレーション。
昔ばなし一〇〇話『お月お星』主婦と生活社。
安房直子著『きつねの窓』偕成社。

マンローリーフ著『花の好きな牛』岩波書店。
金子みすず著『明るいほうへ』ＪＵＬA出版局。
アンデルセン著『ある母親の話』偕成社。
グリム著『シンデレラひめ』小学館。
ハンス・ウィルヘルム著『ずーっとずっとだいすきだよ』評論社。
安房直子著『北国の忘れたハンカチ』偕成社。
『世界の子供たちの詩集』目黒ユネスコ協会。
浜田広介著『一つの願い』金の星社。
こわせたまみ著『若返りの水』チャイルド本社。
関根栄一著『一寸法師』チャイルド本社。
小沢正著『浦島太郎』チャイルド本社。
松谷みよ子著『桃太郎』講談社。
香山美子著『かちかち山』チャイルド本社。
小沢正著『さるとかに』チャイルド本社。
片岡輝著『天狗のはうちわ』チャイルド本社。

厳文井著『谷川のうた』世界文化社。
小澤勲著『認知症とは何か』岩波新書。
レーチェル・カーソン著『センス・オブ・ワンダー』新潮社。
竹内敏晴著『ことばが劈かれるとき』ちくま文庫。

第四章

集団朗読療法の実際1

第一節　概要

精神科における朗読療法は個人朗読療法と集団朗読療法が適用されるが、本章では精神科における集団朗読セラピーについて詳しく論ずることとする。

目的

精神科における集団（グループ）朗読療法の役割は、社会復帰に向けての精神面でのサポートである。

精神科の患者の中に見られる性格傾向として、社会的偏見を意識しての劣等意識、社会から遠ざかっていたことによる社会性の欠如や過度の緊張、認知の歪み、人とのコミュニケーションが苦手で対人関係をうまく築けない、などといった特徴が見られる。社会生活に適応しようとする彼らにとって、この様な傾向は、彼らの自立を妨げる大きな壁となっている。

精神科における朗読療法は、こういった傾向を持つ人たちに、自信回復、自己表現力及びコミュニケーション力の育成、協調性の促進、情緒の安定、認知の歪みの修正などを目的に行なう。出来る限り社会生活に早く順応出来るようセッションを組み立て実践していく。

対象

社会復帰を目指す精神疾患を抱える複数の人が対象…精神科の入院患者あるいは精神科デイケア利用者、精神障害者作業所（精神障害者の社会復帰自立支援を行う）などの通所者など。

対象人数

数人から数十人を対象に行う。

セッション時間

約60分から90分位を目安として行う。

セッションの進め方とその内容及びその目的（表1参照）

朗読療法の目的に基づいて体系化されたプログラムに沿って進める。

セッションの留意点

セッションを進行する際には、セラピストは常に対象者の反応に気を配り臨機応変に柔軟な対応が取れることが必要である。たとえば、朗読鑑賞場面では、現場での対象者の状態や反応をよく観察し、必要と思われるときには朗読時間の調整を行ったり、また、対象者によっては理解を助けるための工夫も必要である。

朗読鑑賞について

セラピストはなるべく対象者の心の状況にふさわしいと思われる作品を選択する。

イメージ絵画について

朗読後、さらに豊かなイメージの広がりがもたらされるように朗読の補助的な役割としてクレヨンを用いたイメージ画の作成を行うことがある。その際は、一人ひとり

	進め方	内　容	目　的
1	挨拶・導入	セッションへの興味関心を図る	緊張感の緩和、社会性、会話の促進
2	呼吸調整法	RT に基づいた呼吸法で精神を整える（しっかりした声を内から自然に発声する為の準備）	自律神経のバランス調整・心身のリラックス、集中力、呼吸器への刺激により緊張感の緩和
3	リラックス発声 発声体操	RT に基づいた発声で心身のリラックスを図る	連帯感の増強、自己再確認、ストレス発散
4	音声表現 （音読）	対象者のレベルに合わせた音声表現の課題に取り組む	会話の促進、脳の活性化、記憶機能の刺激、競争心連帯感の増強、協調性の育成、自信強化、自己受容、他者理解、心身の解放、ストレス発散、人間関係の形成、心身の活性化
5	朗読鑑賞	セラピストの朗読を聴く（対象者の症状を念頭に選択）	脳の活性化、記憶機能の刺激、自己受容、他者理解、感情表出の促進、集中力の持続、イメージの誘発、気づき、精神安定、心の解放、満足感、充足感
6	会話の展開 （作品について）	聴いたお話について会話を展開する	会話の促進、脳の活性化、記憶機能への刺激、連帯感の増強、他者理解
7	イメージ絵画	作品の世界からイメージを引き出す	記憶機能への刺激、イメージの誘発、自信強化、自己受容、達成感充足
8	結び	セッションの流れを振り返り前向きなメッセージでまとめる	充実感、満足感、達成感の充足、自己受容

表1　セッションの進め方とその内容及び目的

に豊かなイメージが表出されるよう語り掛ける言葉や声にも十分な配慮がほしい。

第二節　事例——精神科のための朗読療法

——ある精神科デイケアでの試みから

ここでは、現在、精神科デイケアで行っている朗読セラピーのセッション場面を事例として取り上げながら、精神科における集団朗読療法とはどのようなものであるかを具体的に述べる。

精神科のデイケアとは

精神科デイケアでは、躁病、鬱病、統合失調症、人格障害、適応障害など、様々な精神疾患を抱える人たちが、その病を乗り越え、社会復帰のための準備期間として自宅からデイケアに参加している。このデイケアに参加するメンバーの中には、入退院を何十年も繰り返している人や長期入院生活により社会生活から縁遠くなっている人々も多く、そういった人々が用意された様々なプログラムを通して社会生活を送る上での必要な能力を回復したり身につけている。

①×月×日　**「北風の忘れたハンカチ」**（ねらい：心の捉え方）

セッション前半場面

今日も明るいメンバーの声で出迎えられる。

「せんせい、せんせい、きょうはどんなはなしですか？　先生、僕、今度ピアノ習い始めたんですよ。先生どんな音楽が好きですか？」

一挙に部屋の中は活気づき、それぞれ自分の席につきはじめる。準備が出来る間、セッションで行う音読の課題を一所懸命暗記している人、朗読のセリフを練習いている人など様々である。

まずはリラックス運動を取り入れながらの呼吸調整からはいる。

「先生、気持ちいいね」「身体がスーッとさわやかになっていく感じ」「催眠術にかかったようなふわっとした感じがするよ」など、思い思いの言葉が飛び交うなか、それぞれ気持ちよさそうにトライしている。

軽く目を閉じ、呼吸調整を行いながら心に浮かぶものをひとりずつ言ってもらう。

「白い雲」、「青い空」、「春の陽だまり」、「オレンジの光」、「牧場」、「ひろい草原」、「自分が運転してるところ」など……浮かぶイメージはまちまちである。それぞれが気持ちよさそうにリラックスした表情になっている。

発声練習に関しては、普段あまり声を出さない人たちだが、自然な流れのなかで皆と一緒に声を出すせいか、抵抗なく思い切り腹から声を出す機会となっている。その日の課題を元に、こちらの指示に従いながら、声を色々コントロールしながら出していく。

その日は、こんなことがあった。いつものようにみんなで声を出していたときのこと。メンバーのあまりに元気溢れる大きな声にびっくりして階下から飛んできた看護師長さん。ドアを開けるなり呆然と全員を眺めていたが、そのなかでもひときわ張り切って声を出していた患者のKさんを見つけ驚きを隠せない様子。実はKさん、セラピーの始まる時間が医師の診察を受ける予約時間だったらしい。しかし、気分が優れないとのことで診察をキャンセル。控え室で寝ているはずのKさんが、朗読セラピーに参加し、しかもとりわけ元気のいい声を張り上げて発声している訳だから驚くのも無理はない。

「いったいどーなってるの？　信じられない」と、開いた口がふさがらないといった看護師長さんに「すみませーん、セラピーに入ったら突然良くちゃったんです」と頭を掻き、あっけらかんと答えるKさんに全員が爆笑。

実際その日、Kさんは朝から無気力状態で顔も青ざめていたのでまわりも心配していたと言う。しかし、一時間半にわたる朗読セラピーの間、彼は実に元気いっぱいだった。その生き生きした表情からは、セラピー前、彼がそんな状況だったとはとても想像できない。

彼曰く、「本当に状態は悪かったんですけど、朗読療法はいつも楽しみにしていたので続けられるところまでやろうと思って参加していたらいつのまにか良くなっちゃったんです……」

この話は今でも笑い話として、時々セッションの際に話題に上っている。

このKさんのケースは、朗読セラピーを受けることによって、徐々に心身が活性化され、症状の改善に役立ったケースと言える。

今日の音声表現の中心は朗読ドラマ。それぞれに役を決めひとつの作品にチャレンジする。皆が一番生き生きする場面である。

音声表現の際、いつも感じることはメンバー同士の思いやりや気配りである。他者の前での自己表現は誰しも緊張感を伴うものであるが、ここでは非常に和気藹《あい》々とした雰囲気の中で進められている。もう一度挑戦したいと希望する人や皆から大きな拍手を受けて満足そうな笑顔を見せる人、また、吃音の人がよどみなく滑らかに朗読して皆を驚かせたりと、中々楽しいひとときである。

ひとしきり皆で声を出し、前半が終了、休憩に入る。

後半は、セラピー朗読の鑑賞。皆静かに席につく。軽く目をつぶる人もいて、それぞれが朗読を聴く心の準備体制に入る。

朗読「北風の忘れたハンカチ」

あらすじ：家族を失い、山の中に一人ぼっちで暮らすくま。楽器が弾けたら、さびしさから解放されると思い、楽器を教えてくれる人を探す紙をドアに張り待ち続ける。そんなくまのところへ楽器を持った北風のだんなと北風のおかみさんが入れ替わり訪ねてくるが、くまの期待通りにはいかず、余計惨めな気持ちに陥る。次にやってきたのが北風の娘。娘はくまに、楽器が弾けなくても心の耳を澄ますといつでも素敵な音が聴けることを教えてくれる。やさしい北風の娘が立ち去った後、悲しみをこらえるくまだが、偶然、娘の残していったハンカチを耳に入れ、聞こえてくる雪のやさしい音に癒され安心して冬眠に入ることができる。

朗読後トーク場面（会話の展開）

朗読にじっと耳を傾け静かに聴き入っていたメンバーたち。朗読が終わると誰からともなく言葉が出始める。

・「お話聴いて、心の中の世界って自分で作っていくものなんだなーってあらためて思った」（48歳女性）。
・「人は人生で色んな人に出会って、出会う人によっては寂しい気持ちにさせられることもあるけど、何かを残してくれる人もいるんだなと今日の朗読を聴いて再確認した。できるなら僕も人に何か残せる人になりたいなぁって」（37歳男性）。
・「先生のくまの子の声があったかくてすごく良かった」（43歳男性）。
・「くまの子もかわいかったけど、くまの所にやってきた北風の娘の口調がとてもやさしくて、私も北風の少女のように、人に思いやりのあるあたたかい声をかけられる人になりたいなって思いました」（30歳女性）。

・「今まであんまり意識したことなかったけど、声は人の心をあったかくもするし、虚しくもするものなんだなって朗読を聴きながら思った」（34歳男性）。

・「北風の夫婦の声は冷たくてくまがかわいそうと思ったけど娘のあったかい声に救われた気がする」（27歳男性）。

・「最初は僕も北風の夫婦は冷たくていやなやつらと思ったけど、ストーリー全体を聴いて、くまが北風の娘の言うことを素直に受け容れられたのはあの北風の夫婦の登場があったからだと思った。ああ、なるほど、あの二人の存在もちゃんと意味があったんだと思えた。きっと人生もいやだなと思える人と出会うことあるけど、何かそれも意味あることなのかも……と考えた」（26歳男性）。

・「僕はそこまで読み取ることできなかったけど、確かにそうだよねぇ、僕も何でこんな病気になったんだろうって、すっごい落ち込んだりしたけど、でも病気になったからみんなとも会えたし、いい友だちもできたし……病気になったから学んだことって結構あったと思うんですよ。これからは何でも前向きに捉えて行こうって…

同じ人生送るなら幸せに思えたほうがいいし……そう思えるようになったらほんと、最近気持ち楽です」（30歳男性）。

・「僕もこのデイケア来るまでは、こんな病気になって自分だけが不幸と思って死にたいって思ったこともあったけど、ここ来て、皆から心配されたり、あったかい言葉かけてもらったりしたときはすごく幸せな気持ちになれたし、自分もほかの人にそうしようって思った」（25歳男性）。

考察

ある程度の長さのお話を聴くことは、彼らにとって結構集中力を要する作業である。特に心の病を有する人たちは、薬や病気の影響で長い間集中力を維持できなかったり、お話を聴いても内容を捉えるのが苦手だったりする。しかし、朗読セラピーを続けていると、そういったところが少しづつ改善されてきているように感じられる。

今回のセッションでは、それぞれがストーリーから何かを感じ取り、自分の感じ方を述べ合うことで相互に影響し合い、自己形成につながっていったように思われる。朗読を介して集団の力によって個人の心の変容が成された事例と言えよう。

②×月×日　「世界の子どもたちの詩」（通常のセッションの流れを変えて行ったバージョン）

今日の朗読セラピーは、思いがけず、詩の朗読から始まった。詩の朗読は、もう少し先に目標をおいていたのだが、予期せず、メンバーの人たちから詩を朗読したいという声が上がり、急遽初挑戦することに。それは世界の子どもたちの純粋な心が、彼らの気持ちを自然に動かしたとも言える。

この日、筆者はセラピーの始まる前のわずかな時間を利用して、ユネスコ協会からの依頼で近々舞台朗読する詩の原稿を見ていた。それは愛、平和、家族をテーマに、世界の子どもたちから日本のユネスコに寄せられたものだった。

朗読　「世界の子どもたちの詩」

興味を示した数人が「先生ちょっと朗読してみてください」というのでいくつか紹介するつもりで読み始めた。ざわついていた室内が筆者の朗読する声にシーンとなった。

朗読後トーク場面

誰からともなく、「へぇーすごいなー、それ、子どもが書いたんですか?」「いいなー」「僕こんなに書けないよ」「今読んだ7歳の子の詩、いいね。」「僕はさっきのウクライナの子の詩が好きだなー」などの声があちこちから上がり始める。

「他のも聴かせてください」というので朗読すると、「いいなぁ」「いいなぁ」とため息をついているメンバーもいた。よほど深く気持ちが動かされたのだろう。「先生、子どもって純粋な心で感じたままを素直に言葉にできるから、こんなに心に伝わってくるのかなー」「これコピーしていいですか? 僕この詩がほしいなー、朗読してみたい」他のメンバーもそれぞれ朗読したいとの声が上がる。

筆者:「それじゃー、みんな自分の好きな作品をひとつずつ選んでそれを朗読してみる?」と聞くと、あっという間に15編の作品原稿がそれぞれの手に行き渡った。そして、一人ひとり順番に朗読することとなった。

驚いたことに、詩の朗読は初めての試みだったのでどうなることかと思ったが、全員がとてもうまく読みこなせた。朗読で大事なことは自分自身が共感、感動できるということである。そういった気持ちがあって人に伝わる朗読ができる。今回もメンバ

図２　イメージ画「世界の子どもたち」

ーたちの心からの感動があって、気持ちの入った素晴らしい朗読につながったのだと思う。吃音のNさんもよどみなく読みこなした。

次に紹介するのは、この日のセラピーに参加したメンバーのOさんの感想文である。

朗読セラピーを受けて（Oさんの感想文）

世界の子どもたちの書いた詩に不思議な感覚を覚えました。最初、先生の朗読で聴いたとき、彼らの純粋な気持ちが言葉に宿ってるような、言霊の力と言うかそんなエネルギーを感じました。本物の詩には必ず心が宿っているものだと思っています。子どもたちのやさしい心、利害打算のない混じりけのない気持ち、飾り気のない本当の言葉には何か人の心を動かすものがあります。そこには理屈を超えた霊的なものさえも感じます。大人になるにつれ汚れた気持ちを身につけてしまうのは悲しいことです。それはある意味仕方のないことと逃げている部分もあるかも知れない。けれど子どもたちの純粋な魂は我々子どもの心を失ってしまった大人たちへ、本当の幸せは何かと辛辣に問い掛けてきます。子どもの世界の詩は本物です。忘れかけていた温かさ、やさしさ、希望を、今日は心に取り戻させてくれたように思いました（**図2参照**）。

考察

今回のセッションでは予定を変更してメンバーに詩の朗読をしてもらうこととなった。

朗読療法を行うにあたっては、対象者の反応に合わせ臨機応変に対応することが大切だと筆者は考えている。必要とあれば、計画を変更することも心しておかねばならないだろう。

日常生活の中で、世界各国の子どもたちの思いや気持ちを直に感じる機会などめったにあることではないと思う。最初に筆者が作品にふさわしい子どもの声で朗読したのも興味、関心を持つ上で効果的だったかも知れない。今日の朗読セラピーは、純粋な子どもたちの心が、彼らの心の扉をそっと開いたような気がした。

③×月×日　「一つの願い」（ねらい：希望を持ち続ける大切さ）

朗読　「一つの願い」

あらすじ：この作品の主人公は立っているのも危なげなよぼよぼの年老いた街灯。しかし街灯にはたったのひとつの願いがあった。その願いが叶うことを夢見ることで、街灯は生きる希望と生きる力が持てた。その願いとは、一生に一度でいいから自分の明かりが星のように明るいと誰かに感じてもらえることだった……しかし、街灯はいつまでたっても誰からも自分の明るさを認めてもらえずいつも馬鹿にされ続けすっかり落ち込んでいた。だが、街灯は決して希望を捨てることはなかった。そんなある嵐の夜、貧しげな親子が街灯の下を通りかかり街灯のあたたかい灯りに気がついた。とうとう街灯は、彼らによって自分が星よりも明るいと感謝されるときを迎えたのである。街灯は満足感のなか幸せな気持ちでその一生を終えることが出来た。

朗読後のトーク場面

「ひとつの願い」：この作品のテーマは、最後まで希望を持ち続けることの大切さであるが、それと同時に我々人間にとって人から認められるということは生きるうえで重要な意味を持つものだということも教えてくれる。

そこで今回、この朗読をきっかけに、メンバー同士、日頃感じているお互いの良いところ、その人とのかかわりの中で嬉しかったことなどを述べ合う機会とした。

以下は、そのときのメンバーのコメント（類似した表現は除く）を一人ずつまとめてみた。

Aさんについて：・いろんなことによく気がつく
・やさしく注意してくれるところがいい
・包容力がある

Fさんについて：・存在が明るい
・ユーモアがあって楽しい

Hさんについて：・いつでも自分を受け容れてくれる感じがする
・お母さんのような感じであったかい
・やさしく見守ってくれてる感じがする
・お母さんになってほしい

Iさんについて：・困ったときいつでも話に乗ってくれる
・もし自分の親父だったら僕はきっとまともになっていたと思う

Kさんについて：・ムードメーカー的存在
・ピュア
・おもしろい

Mさんについて：・皆にいつも気を遣ってくれる
・やさしいところがある
・素敵な人だと思う

Nさんについて：・あったかい
・何よりもファッションがかっこいい
・思いやりがある

Oさんについて…・頼りがいがある
・面倒見がいい
・存在感がある
Eさんについて…・なんでもできる
・自分がひどく落ち込んで体調を崩したとき、心配して家まで電話をかけてくれたことが嬉しかった
・人の気持ちになって相談に乗ってくれる
Tさんについて…・人間味がある
・声が魅力的
・デイケアをしばらく休んで、久しぶりに気後れしながら出たら「どうしたの？」と声かけしてくれて、温かく迎えてくれたことが何より嬉しかった

言われた当事者は、ちょっと照れくさそうに「本当に？　……」という言葉を繰り返しながらも嬉しさを隠しきれない様子であった。

図３　イメージ画「ひとつの願い」

今回のような機会がなければ聴けなかった心の内を聴いて、対人関係での自信を取り戻したり、人の気持ちを察することの大切さを今まで以上に感じたのではないだろうか。

全員が実に生き生きとして、これまでにないほどいい表情を見せていた。自分の良さを認めてもらえることは自己受容につながる。そこには心の病気などどこかに吹き飛んでしまったかのように活気に満ち溢れた空気が流れていた。

イメージ絵画制作

朗読「ひとつの願い」を鑑賞してもらった後、メンバーそれぞれにイメージ画を描いてもらった（**図3参照**）。

（テーマ）「ひとつの願い」を考える

メンバーの人たちそれぞれに「一つの願い」を聞いてみる。

・包容力のある人間になりたい

・アットホームな家庭を作りたい

・頭が良くなりたいと思う
・ピアノがたくさん弾けるようになりたい
・狭い道で譲り合っている人を見ると嬉しいのでそんな世の中になってほしい
・嫌いな人をなくしたいと思う
・皆が人種や文化に関係なく笑って楽しく話が出来ること
・デイケアが楽しいものであるように
・自分の夢を実現したい
・ここにいるメンバーといつまでもいい友達でいたい
・社会の中で自分を生かしたい

結び

セッションを終えて（メンバーたちの感想）
・今日嬉しかったことはセラピーの時間に自分の長所を皆から言われてはじめて気がついたことがあったこと
・先生の朗読が身に沁みてきて聴き入ってしまった

・自分の長所を言ってくれてほめられたことが嬉しかった
・3日ぶりにデイケアに来て今日はとても面白かった。良かった
・今日の物語りのように、星のように明るく元気に生きようと思った
・皆に長所を言ってもらったのが嬉しかった
・先生が朗読してくれた本が面白かった
・今日の朗読を聴いて感じたことは、以前皆のためにCDを作って渡したら皆がとっても喜んでくれて嬉しかったということがあったので、きっと街灯も人に喜びを受け取ってもらいたかったのだろうという気がした
・リラックスして楽しく参加できたので良かった
・皆が自分の長所を見つけてくれて嬉しい
・人から感謝されたり認めてもらえるのは気持ちがいいなと思った
・自分の長所を皆が言ってくれたので何だか自信がついた

考察

以上のような文面からも分かるように、参加者たちはほとんどの人が自分の長所を

言われたことに対し非常に嬉しく感じていることがわかる。人から認めてもらえるということは誰しも喜びであり、生きる意欲や自己受容に繋がる。特に心に病を抱える人たちは、様々な心の葛藤に苦しみ、自信を失っていたり、自分は無価値な人間と思い込んでいる傾向が強いので、こういった試みは、自信回復と生きる喜びを取り戻すいい機会になった様に思う。また、集団内の人間関係を通じて相互に影響しあうことで、お互いの理解と絆を深め、コミュニケーション作りにも役立ったのではないだろうか。

【スタッフからのコメント】

今回のような試みはデイケアでは初めて。メンバーたちがセラピーが終わった後、あまりに生き生きした表情に変化しているので感動した。またこういった機会を作ってほしい。

×月×日　「若返りの水」（ねらい：内省へのきっかけ）

朗読　「若返りの水」

あらすじ：山から戻ってきたおじいさんが急に青年のように若返ったのを見てびっく

りしたおばあさん。訳を聞くと、山の中の池の水を飲んだせいだという。そこでおばあさんは自分も若返りたくてその水を飲みに出かける。しかし、飲めば飲むほどさらに若返りたいと欲を出し、とうとう赤ん坊になってしまう。結局、おじいさんは赤ん坊の世話をするはめに。

全員がにこやかな表情で聴いている。おばあさんが赤ん坊になって泣くところでは大笑い。

朗読後のトーク場面（会話の展開）

「エエー！　こういう民話があるなんてぜんぜん知らなかった。」

「面白い、楽しい」といった声が上がる。

「でも、先生、やっぱり昔から女の人のほうが欲が強いんですかねぇ、ほとんどの昔話って、おばあさんが欲が深くておじいさんはいい人っていうパターンが多いですよね。」

全員が、そう、そう、……と納得している。

ひょうきん者のKさんが「人の心には時代っていうの関係ないのかも知れないっす

ね。きっと今だってこういう若返りの水なんていうのがあったら奪い合いでたいへんですよねぇ、世の中赤ん坊だらけになっちゃったりして(笑)。でもさぁ、高齢化社会に歯止めがかかっていいかも。少子化対策ってところですかねぇ」と、相変わらずおもしろくまとめてくれた。

話が心に行ったところで、次は参加者それぞれの心の世界に関心を向けてみる。

筆者：「若返りの水があったら何歳に戻りたいですか?」

ほとんどの人が病気のきっかけとなった頃を答える人が多かった。そこからもう一度人生をやり直したいという思いがあるのだろう。

27歳の統合失調症の男性は、筆者の問いかけに対し、14歳の5月と即座に答えた。なぜなら、その頃、まわりからいじめにあい、不登校になってしまった時期だからと言う。もしもう一度やり直せるなら今度はちゃんと学校へ行きたいとくり返していた。

37歳のうつ病に苦しむ男性は18歳に戻りたいという。その頃になぜだか友達とメチャクチャ遊びに夢中になり生活が乱れはじめた時期だからだと言う。もしも、もう一度その頃に戻れるなら、もっと早くから自分の夢に向けて行動したいと話す。

実は、彼には絵の才能があって、朗読セラピーで行うイメージ画もいつも皆が感動する絵を描く。彼の言わんとする自分の夢とは、恐らく絵画の道を指しているのだと思う。セラピーの最後に、自分の描いた作品を皆の前で発表するときは普段の彼とは別人のように生き生きしている。

48歳の適応障害のA子さんは、結婚前に戻りたいという。自分は結婚前にやりたい仕事があって、結婚を機にそれを断念しなければならなかったことがいつも心のどこかに引っかかっていたように思う、今の自分は本当の自分じゃないと思いながら満たされない不安から鬱的になって。きっとそういうことが結婚生活の失敗にも影響していたのかも知れない。今思うと、自分の満たされない気持ちを人のせいにして随分まわりに迷惑を掛けてしまったと思っている。その頃に戻れたら、今度は悔いのないように努力して、自分のやりたい仕事と両立させて行く道を選びたいと語った。

考察

今日の朗読セラピーは、若返りの水から発展してそれぞれが内省のきっかけになったセッションだった。人が戻りたい年齢はその人の心の状況によって様々である。もちろん過ぎ去った時間が戻るわけではない。しかし、もし戻れたらと仮定して考えるこういった心の遊びは、なぜか彼らの心を生き生きさせる。現在の自分を受け容れ難い人達にとって、何かしらそこに精神的な救いを見出せるからなのかも知れない。自分の戻りたい年齢に心を馳せるという行為は、ある意味自己を客観視する心の余裕をもたらしてくれる。もちろんドラエモンのようにいつでもタイムスリップできる便利なものがあれば誰しも手に入れたいところだが、こうすれば良かったという反省があるからこそ、また、人格的成長もあると言えよう。実際、答えてくれた人達の戻りたい年齢は、その人にとって何かしらの意味を持っている。それは、誰しも自分の人生を納得の行く一つのストーリーとして完結させたい思いがどこかにあるからだろう。

今日のセラピーを通して感じたことは、これまでほぼ人前で語られたことのないそれぞれの心の本音が、他者を前にして自然に語られたことである。

その日の感想には、「はじめて、皆の本音が聞けて良かった。」「今まで遠かったメンバーの存在が近くなった感じがして嬉しかった」などの声が多く上がっていた。

今日のセッションは、朗読療法の目的とする自分への気づき、他者理解、自己受容、他者との一体感および連帯感、人間関係の形成に大いに役立ったようである。

第五章

集団朗読療法の実際 2

第一節　概要

目的

高齢者のための朗読療法は、主として認知症予防と生活の質の向上を目的に、また、認知症のための朗読療法は症状改善および生活意欲向上を目指して行う。

対象者

広くは同じ目的の下に集まっている高齢者一般が対象（病院の入院患者およびデイケア利用者、高齢者施設の入所者およびデイケア利用者など含む）。

対象人数

数人から数十人を単位として行う。

セッション時間

セッションは、約60分から90分を目安に行う。

セッションの内容とその目的および進め方

朗読療法の目的に基づいて体系化されたプログラムに沿って進める（**表2参照**）。

セッションの留意点

セッションを進行する際には、セラピストは常に対象者の反応に気を配り、どんなときにも臨機応変に柔軟な対応が取れるよう心掛けることが大切である。

朗読鑑賞について

セラピストが朗読を行う朗読鑑賞場面では、現場での対象者の状態や反応をよく観察し、必要と思われるときには朗読時間の見直しを行ったり、また、内容理解を助けるため視覚的なものを補助的に使うなど、その場の状況に応じた工夫と配慮が必要である。

	進め方	内　容	目　的
1	挨拶・導入 質疑応答	セッションへの興味関心を図る	見当識、社会性、会話の促進
2	呼吸調整法	RT に基づいた呼吸法を行う（しっかりした声を内から自然に発声するための準備）	呼吸器への刺激により緊張感の緩和 自律神経のバランス調整・心身のリラックス
3	リラックス発声 発声体操	RT に基づいた発声法を行う	ストレス発散・連帯感の増強、自己再確認
4	手、指運動	手、指を遊びの中で動かす	脳の活性化、感覚器官への刺激
5	音声表現 （音読）	対象者のレベルに合わせた音声表現の課題に取り組む	会話の促進、脳の活性化、見当識の促進、記憶機能の刺激、競争心連帯感の増強、協調性の育成、自信強化、自己受容、他者理解、心身の解放、ストレス発散
6	季節の歌 物語・昔話の歌 （作品テーマ曲）	歌詞の朗読および季節にふさわしい歌を楽器に合わせて歌う。	脳の活性化、連帯感の増強、協調性の促進、自己受容
7	朗読鑑賞	セラピストの朗読を聴く（対象者の症状を念頭に選択）	脳の活性化、見当識の促進、記憶機能の刺激、自己受容、他者理解、感情表出の促進、集中力の持続、イメージの誘発、聴覚認知力への刺激
8	会話の展開 （作品について）	聴いたお話について会話を展開する	会話の促進、脳の活性化、見当識の促進、記憶機能への刺激、連帯感の増強、協調性の育成
9	イメージ絵画	お話の世界からイメージを引き出す	記憶機能への刺激、イメージの誘発、自信強化、自己受容、脳の活性化
10	結び	セッションの流れを振り返り前向きなメッセージでまとめる。	充実感、満足感、達成感の充足

表２　セッションの進め方とその内容及び目的

朗読作品については、高齢者の場合、できるだけ対象者に馴染みのあるお話が適していると言える。たとえば、昔話などは、多くの人が記憶のどこかに残っていたり、あるいはタイトルに聞き覚えがあったりするので親しみやすいと言える。

また、高齢者に朗読する際には、なるべく対象者の表情を確認しながら一つ一つの言葉を聴き手の心に語り掛けるように朗読する。なぜなら、高齢者のための朗読は、ストーリーを楽しんでもらうことも一つであるが、セラピストから語りかけられる言葉の響きが、眠っていた記憶や感情を呼び覚ますといった心理的効果も期待できるからだ。

イメージ絵画について

朗読鑑賞の後、朗読の補助的な役割としてクレヨンを用いたイメージ画の作成を行うことがある。その際、セラピストは一人ひとりに豊かなイメージが構築されるような語り掛けが大切である。

第二節　事例・認知症のための朗読療法——ある老健施設での試みから

具体的症状改善に向けた試み

ここでは、認知症の方々への具体的症状改善を目的に、ある老健施設で試みた集団（グループ）朗読療法の事例を紹介する。

具体的症状とは、認知症の中でも要介護Ⅲ度以上で、普段から、

・表情がない（中には常にこわばった暗い表情）
・発語がない
・会話が続かない

という症状を有する10人を施設側が選び6ヶ月間、定期的に朗読療法を行っていくことにした。その結果、参加者にどのような変化が見られたか、次に紹介するのは、その主な記録である。

参加者それぞれの反応を、その日のセッションのプログラムの中からいくつかの場面に焦点を当てて紹介する。

老健施設とは

介護保険法による被保険者で、看護・介護を必要とする高齢者に、医師による医学的管理の下、看護、介護ケアからリハビリテーション、栄養管理、食事、入浴など日常の介護サービスを提供し、家庭復帰を目指して自立支援する施設。

①×月×日　「一寸法師」（ねらい：言語機能への刺激）

導入場面

まず、自己紹介がなかなか進まない。

自分の名前のかわりに生年月日を言う人、それも大正4年を昭和40年生まれと自信を持っている。

その他、夫の名前が出てからでないと自分の名前が出てこない人、途中で何回も姓が変わったからどれを言えばいいのと聞いてくる人などいろいろである。まともに名前と生年月日が言える人はいなかった。しかし、普段は会話もなく、うたた寝していることが多い方々が、相手の自己紹介をちゃんと聞き、助け舟を出したり人のやりとりに笑ったりといった光景が見られた。

朗読鑑賞場面

朗読作品は「一寸法師」。このお話は皆知っているせいか興味を持って入ってくる。それぞれの反応を見ていると、お話を聴きながら頷いたり、笑ったり、真剣な表情になったりとお話の進行に併せて表情も変化していくので、気持ちが集中して物語りの世界に入っているのがよく分かる。一寸法師や他の登場人物たちが会話するところでは楽しそうな笑みがこぼれる。

セッションの始まりから「私は用があるので、ではこれで……」と、何度も立ったり座ったりを繰り返していた井口テルさん（85歳）も朗読のときだけは、固まったまま聴き入っていた。

考察：今回は第1回目ということで、なるべく会話の促進に重きを置いてセッションを行った。2～3名を除いては会話することへの意欲を感じることができた。やはり、言葉が出るためにはそれなりの刺激が必要である。つまり刺激とは感情への働きかけである。

セッション終了後、参加者たちは、「またやってくれるんでしょ？」「とっても楽しかったわぁ」「よかった！」と、それぞれが口にしながら部屋を後にした。

②×月×日　「浦島太郎」（ねらい：感情表出の促進）

朗読鑑賞場面

今日の朗読鑑賞は「浦島太郎」。今回もお話の合間にいろいろ問いかけを入れながら行った。不思議なことに、朗読が進むにつれセラピーの始まりの段階では混乱していた季節感などがはっきりし始めてきたことである。こちらの問いかけに対し、春夏秋冬といった季節の流れ、季節ごとの行事など過去に体験したことなどが物語りを通して次第に蘇り始めたようだった。

イメージ絵画制作場面

朗読の後はイメージ絵画に入る。テーマは「海」。「お話に出てきた『海の絵』を描きましょう」という呼びかけに、水色のクレヨンを持ち画用紙の中央に線を描く人、水色で染める人、緑色で波を描く人、全然描かない人、様々であった。

朗読イメージ絵画制作というのは、朗読作品を聴き終わったあとにそれぞれが心に浮かんだイメージを絵に描くといった作業である。そしてその出来上がった作品を皆に提示しながら、自分の中でどんなイメージが浮かんだのか、どういったものを描こうとしたのかなどを発表する。つまりここではそういった一連の作業を通して、創造性や自己表現力を高め、その人らしい個性を大切にしていくことを目指す。参加者には作品の出来の良し悪しを問うものではないことを了解してもらい、あくまで描きたいと思う気持ちを中心に進めていく。

これまで、ほぼ全員がこの作業に熱中する光景が見られた。始めは絵を描くことに抵抗がある人もいたが、そういった人が、気がつくといつのまにか絵に没頭したりしてこちらの方が驚かされることがある。

また、朗読療法プログラムの過程で、このイメージ絵画制作場面は、一番その人らしさや心の状況が見えてくるところでもある。画用紙を前にしての反応も様々である。

九四歳の近藤源三郎さんは、メンバーの中で唯一の男性。普段から無表情、要求のあるとき以外は言葉がないという方である。その方が、イメージ画を描く段になった時、「私は絶対絵は描かんぞ」といきなり激しい口調で怒鳴った。何事が始まったのかと思うほどの大声だった。

筆者はそんな近藤さんに「描きたい人だけですから、描きたくない方は特に描かなくてもいいんですよ」と静かに返答すると、少し気持ちが落ち着いたのか、八十数年前の尋常小学校当時の話をした。

自分は小学生のときに絵を描くたび、先生から〝お前の絵は全くだめだ〟と皆の前で言われ続け、いつも成績は『丙』だった。それ以後まわりからはダメ人間のレッテルを貼られ、家族に対しても肩身の狭い思いで生きてきたというのである。今またここで『丙』をつけられたら家族に顔向けできないからということだった。

筆者は近藤さんに、「じゃあ、絵を描くのはやめて、近藤さんがイメージされた海の色だけ画用紙に塗ったらどうでしょう？　色を塗るって気持ちがいいですよ」と言ってその場から離れた。

しばらくしてから再び近藤さんのところへ戻ってみると、何と水色で一所懸命色を塗り始めているのである。

筆者が「中々繊細なタッチですね！」と、褒めると、自分の家系は代々優秀で『丙』をつけられた人間が出るということは恥ずかしいことだったと、またもや話される。

図４　イメージ画「海」

よほど『丙』をつけられたことが、トラウマになっていたに違いない。

「きっと、その時の先生は、たまたま、近藤さんの絵を見る目がなかったのかも知れませんね。」と言って、また他をまわってから来てみると、今度は水色の上にシャープなタッチで魚の絵が描かれている。あんなに声を荒げ、絶対に絵なんか描くものかと怒鳴っていた人が、実に繊細なタッチでテーマに沿った絵を描いている。予想外で驚いてしまった。思わず近藤さんの絵の横に『甲』と書いたら、とても嬉しそうな表情をされた（**図４参照**）。

考察：その後のセラピーではもう『丙』の話は出てこなくなり、毎回素敵な絵を描いている。スタッフの話では近藤源三郎さんは、普段から無表情で車椅子にじっと座り感情の動きも見られなかった人だったと言う。今日のイメージ画は彼が少年時代に味わった悔しさを蘇らせ、怒りという形で眠っていた感情を揺り動かしたようだ。毎日お世話をされているスタッフの話では、この日をきっかけに、スタッフからの語りかけにも表情が見られるようになったと言う。

③×月×日　「桃太郎」（ねらい：自己表現の促進）

病棟からセラピーの部屋まではスタッフがメンバーを誘導してくる。車椅子を押すスタッフに「今日はどんなお話なの？」「面白いお話だといいね～」「楽しみだね～」などの会話が耳に飛び込んでくる。

今日はメンバーの半数以上の人たちが呼吸調整、リラックス体操に意欲を表し始めた。

自己紹介のときにはなるべく多くの言葉を引き出せる様、一人ひとりと簡単な会話をしながら進めていく。今回、その会話の中で思いがけず「桃太郎」の話が話題に出て盛り上がった。桃太郎の歌まで飛び出す人も出てきたので、予定していた作品を急遽「桃太郎」に変更することにした。

朗読鑑賞場面

全員が実に興味深げにお話に集中していた。途中、問い掛けをしながらお話を進める。

筆者は「桃太郎はどんな動物たちに出会ったんでしたっけ」と聞くと、「何だっけねぇ」と言いながら皆一所懸命考えている。誰かが「犬だったかしら」と隣に話し掛けると「そうそう犬が出てきたわねぇ」と相槌する。その後はなかなか出てこないが、こちらからの問いかけに対して一所懸命に考えようとする積極性が感じられた。隣の人同士の会話も生まれている。

挿絵に侍が描かれていたので、

筆者が「この人はどんな人ですか」と尋ねると、この日一番張り切って色々お話していた小山やす子（70歳）さんが、即座に「サムライ」と答える。

「何をする人ですか」に対し、「侍というのは武芸を試みる者で、武芸を人に教えたりする人」と、小山さんはまるで広辞苑でも読んでいるように答える。筆者が「小山さんはなんでもよく知っているんですね」と言うと、実に嬉しそうな表情が返ってきた。

その日、見学に来ていた小山さんの娘さんが、セッション時の母親の様子を見て「あれが本来の母の表情なんです。昔に戻ったみたい」と、セッション終了後、何度も繰り返していた。

朗読後のイメージ絵画のテーマは桃の絵。ほとんどの人が一所懸命作業に向かう。ほとんどの人はクレヨンの一色あるいは二色だけで塗っているが、すっかり自信をつけた小山さんは何色もの色を使いながら濃淡を出したりぼかしを入れたりと色へのこだわりを見せた。それを見た隣の人から「あなた、うまいわねぇー」と絶賛の声が上がる。筆者が「なかなか芸術的ですねえ～」と、声掛けすると「そうかしら……」と、照れながらも満足そうな笑みが返ってきた。

他にも隣同士で褒め合っている光景が見られた。いつも、顔の表情の硬い中川八重さん（76歳）が、今回は色塗りに挑戦している。現在、片手が使えないので作業も前回までは行おうとしなかったが、気がつくと、桃と葉っぱの色をちゃんと使い分けて一所懸命に描いている。「なかなかきれいですねぇ」と声掛けするとパッと嬉しそうな表情に変わった。次第に笑顔も出始め、表情も柔かい。スタッフが、こんないい表情の中川さんを見るのははじめてだと感動して中川さんにカメラを向けた。すると、完成した絵を両手で持ち、笑顔でカメラにポーズする。この写真を家族に見せたらどんなにびっくりするだろうかとスタッフ全員ワクワクしていた。

他にも、「ヘタだけどいい？」「私ってヘタでしょ？」と何度もスタッフに繰り返し聞いてくる人もいる。そういう人に限って絵が仕上がると「うーん、悪くないわよね～、まあまあかしら…」などと悦にいっている場合が多い。

「絵を描くのって何十年ぶりかしら、ほんとに小さいときだもの……楽しいわね～。これ持って帰ってもいい？　子どもたちに見せたいから。見せたら何て言うかしらねえ～」と、嬉しそうに描いてる人など様々であった。

考察

最近は、それぞれが自分の個性をいい形で出し始め、全体的に何か一つの調和ができてきているように感じる。セラピーを始めた頃とは何かが大きく変わっている。1

回、1回のセッションが終わればその時間のことは恐らく記憶には残っていないかも知れないが、回を重ねるごとにセッションを受ける姿勢に意欲が感じられるようになってきた。

④×月×日　「かちかち山」（ねらい：生きがいの提供）

メンバーの中では最年長の山田ミネさん（九六歳）が、スタッフに車椅子を押されて登場してきたときには、もうすでに他のメンバーは全員席について山田さんの到着を待っていた。部屋に入るなりその状況をいち早く察知した山田さんが、「皆さんお待たせしてすみません。しばらくのご無沙汰でしたが、今日もよろしくお願い致します」とメンバーにしっかりした声で挨拶している。その後こちらにも気づき、「あっ、先生でらっしゃいますよね。どうも遅刻して申し訳ありません。」と言っているのを、隣の井口さん（八五歳）が不思議そうに筆者を指差し「あの方はどなた？」と山田さんに聞いている。「先生じゃないですか。」まだ怪訝そうな井口さんに、筆者が「こんにちわ、井口さん、よろしくお願いします」と声を掛けたが、まだ首を傾げている。その様子に山田さんは「先生から声を掛けられたらちゃんと答えるものですよ」と、さすが最年長らしい物言いで諭《さと》している。

その後も井口さんへの質問の際、山田さんが横から助け船を出すシーンも見られた。山田さんは、朗読療法をスタートする1ヶ月前位から認知症が急に重くなり、意欲も元気もなくなってきた方だ、とスタッフから説明を受けていた。車椅子を自分で動かすこともできなくなっていた人が、今は生き生きとしっかりした言動に、こんなこともあるのかと驚く。

朗読鑑賞場面

筆者が「かちかち山っていうお話を聞いたことありますか。知っている方?」と問いかけると、数人が手を上げる。

「どんな動物が出てくるでしょう」の質問に「たぬき!」という答えが返ってくる。「他には?」とたずねると、しばらくシーンとなったが、最年長の山田さんが突如思い出したのか「うさぎ!」と勢いよく答えた。

朗読は、ほとんどの人がこちらに気持ちを集中して聴いている。セリフの場面では一人ひとりの表情に変化が見られ、登場人物の気持ちが伝わっていることが読み取れた。お話の最後のところで、たぬきがうさぎに散々懲らしめられ、土の舟で海に埋められてしまうというくだりになると、「ちょっとかわいそうだねぇ」という声。それに対し「でも悪いことをしたんだからばちが当たったんでしょ」「かわいそうだけどある意味仕方ないかもね」とお互いの会話が成立している。

セラピー終了後、山田さんは、車椅子を押す看護師長に次のように話しているのが耳に飛び込んできた。

「わたし、朗読の先生のお蔭でねぇ、最近お話を聴くのが楽しみなの。この時間が私の生きがいになってきました」。その後も会話は続いているようだった。看護師長が山田さんをお部屋に送り届けて戻ってくると、未だ興奮冷め切らずと言った感じで「先生、さっきの山田さんの言葉をお聴きになりましたか？　私、感動してなんだか鳥肌が立ってしまいました。まさかあの方から『生きがい』という言葉まで飛び出てくるなんて想像できませんでしたよ」

これまでのメンバーの様子を細かに把握されているスタッフだからよけいに驚きも大きかったのだろう。

考察

今回のセッションで山田さんはこちらの質問にもよく答えていたし、イメージ絵画も色使いを工夫してなかなか素敵に描いていらした。

朗読セラピーのプログラムは、1回のセッションでいろいろな場面展開があるので、その都度、参加者の一人ひとりがスタッフやまわりの人から褒められたり認められたりという体験を持つ。一つひとつの課題に積極的に向かう山田さんを見ていると、こういった体験も重要な刺激なのかなと感じる。人が生きるための活力の源はやはり精神面からくるものが何より大きいと実感したセッションだった。

⑤×月×日　「さるとかに」（ねらい：他者への関心）

朗読鑑賞場面

朗読後、最後のところでさるが皆にやられて死んでしまったことについてどう思うかをメンバーに聞いてみる。ほぼ全員が「悪いことしたんだから仕方ないわね」と厳しい答え。内容に関してほぼ理解されているようだった。

今日は朗読を聴きながら普段無表情で会話のない林啓子さん（八三歳）が隣の内山

さんに話し掛けている。「ねぇ、先生の声ってかわいいわねぇ。」内山梅子さん（七五歳）はアルツハイマーで症状も重い方である。ところが、南さんの問いかけにちゃんと反応して「どこからああいう声が出るのかほんとに不思議だわねぇ」と、あっけにとられた顔でこちらを見つめたまま答えている。よほど驚いたのだろうか。こちらからすると普段ほとんど口を開かないこの二人の会話の方が「不思議だわねぇ」と言いたくなる。驚きの感情が内山さんに忘れかけていた言語を誘発したようだ。

林さんは、前々回あたりから筆者の髪形や服装に関心を示している。「その髪きれいねぇ、どうやるの？ いいわねぇ」と聞いてくる。「林さんも同じようにされますか？」と言うと、ポッと顔を赤らめ「私に似合うかしら？」とまるで少女のようなかわいらしい笑顔になる。

「もちろんですよ！」と答えたら今度はけらけらと明るく笑う。

「先生の洋服の色も明るくていいわね。髪の色と合ってて良く似合ってるわよ」と言ってくれた。その会話を耳にされたスタッフは、林さんがそんな会話をすること自体、信じ難いと話す。

林さんはきっと認知症になる前は、おしゃれに関心のあった方だったのだろうと想像した。これまで無表情の林さんがいい表情で笑うには気持ちに何らかの変化が起こったと考えられる。あの屈託のない笑顔は恐らく本来の林さんなのだろう。その表情が日常もできるだけ多く出るようになればいいなと思った。

考察

初回では、名前も生年月日もほとんど言えなかった人たちが、最近はしっかりした声ですらすらと答えるようになってきている。名前が出てくるようになってきたらそれに伴って生年月日もちゃんと出てくる人が多くなってきた。

イメージ絵画場面でも、スタッフが画用紙を配ると「この前もお話のあとに絵を描いたわよネェ〜」という声が聞こえ始める。

何事も根気よく積み重ねていくことは大事なことである。それと、参加者たちが皆と共有している時間をとても楽しんでいる。そういったこともセッションへの意欲につながっているのだろう。

⑥×月×日　「天狗のはうちわ」（ねらい：不安の軽減）

朗読鑑賞場面

天狗の絵を見せ「これは何でしょう」と質問すると、六八歳の杉本あきさんが「てんぐー」と自信を持って答える。他の人は何だろうと実に興味深げに天狗の絵をしげしげと眺めている。

朗読中の問い掛けに関しては、ほとんどの参加者から積極的に答えが返ってきた。今日のセッションは推理力を中心に進めてみた。

まず最初の質問に、「男は、自分が大事にしてるサイコロと天狗のはうちわを取り替えたでしょうか」と振ってみた。

多くの人が「取り替えない」と答えた。筆者の「なぜそう思うのか」の問い掛けに対し、「大事なものだから取り替えない」「私だったら交換はしないと思うから」「大切なものは手放さないほうがいい。後で後悔するから」などの答えが返ってくる。

天狗の鼻が伸びるところや天狗の鼻を編んでいくところなど、皆、ケラケラと笑いながら実に面白そうに聴いている。

二番目の質問は、「長者ドンの娘の鼻を男は直せたでしょうか」というものだった。「直せると思う」とほぼ全員が口々に答える。そして、直せたことが分かると「ほーらね」「やっぱりね」などの声があがる。

この話の最後は、男が天からまっさかさまに地上に落ちてきて、結局、川に落ちて虹鱒《にじます》になってしまうというもの。最初に「天狗」と答えた杉本あきさんが、「なるほどねぇ、そういうわれがあるのネ」とまとめてくれた。

「あぁ～面白かった」と全員が満足げな表情。

イメージ絵画場面

今日のイメージ画は、「星」がテーマ。それぞれ一所懸命取り掛かり始める。最初の頃のように画用紙を前にボーっとしてる人はいない。

「星は黄色よねぇ」と言いながら作業に没頭。完成された星の絵に願いをかける人が四人いた。

そのうちの一人、七二歳の安藤信子さんに「どんな願いごとをされたのですか?」と聞いてみる。

「先生、私ね、人のお世話にならないようになりたいんです」と答えた。

自分はだんだん記憶がなくなってきているし、現在歩行困難になっているので人の手を借りねばならず、それが自分にとって何よりも苦しいことだと訴えられる。今の一番の願いは、自分の力で早く歩けるようになることと、記憶がちゃんと保てるようになることだと話された。

考察

安藤さんは、認知症が進行していて、普段はほとんど会話のない方だとスタッフから聞いていた。きっと、時々フッと自分を取り戻されることがあって、そのときに自分の記憶力の低下についていいたたまれない気持ちや不安が襲ってくるのだろう。そういったことをたびたび繰り返しながら認知症という病は深まっていくのかも知れない。

セッションが終わる頃、「先生、今日はテストをやってほしい」と安藤さんから嘆願された。自分の脳の状態が今どの程度なのかを判断してもらいたいからだと言う。人の世話になることへの不安がよほど大きいと思われる。本人の何とか回復したいという思いのほどが伝わってくる。安藤さんには、朗読セラピーはテストはしないけれど、その代わりなるべく人のお世話にならないように訓練するためのプログラムであると説明すると、安堵の表情とともに「これからもお世話掛けます」としっかりした言葉が返ってきた。

認知症を患っている人はこういった不安と日々戦いながら葛藤しているのだろう。認知症になってしまったら本人は自分が認知症だということを認識できないから不安などないだろうと思いがちであるが、そうではない。程度の差はあると思われるが、それなりに行きつ戻りつを繰り返し進行していく病気だけに、まわりの人たちの言葉掛けは重要である。

朗読セラピーの場ではその人が自分の人生の中で消化できなかった思いや感情が無意識に言葉となって出てくる場面が多々ある。普段は口にする機会のない心の不安を、朗読セラピーの場で心置きなく話せるということだけでも、不安の解消やストレスの発散に役立っているのではと思う。

⑦×月×日「谷川のうた」（ねらい：回想、会話の促進）

今日の朗読鑑賞は「谷川のうた」。小さな谷川が、自然界のいろいろなものや生き物などに出会いながら、やがて小川となり、川となり、大きな海になる。大きな海となっても谷川だったころの歌を決して忘れることなくどこまでも波しぶきをあげ世界に向かって広がっていくという話。

朗読鑑賞場面

「谷川のお話を聴いて、皆さんはどんな川を思い浮かべましたか？」の問い掛けに、七五歳の山野ミネさんが即座に、「私が見たのはね、谷川岳から流れてくる川、昔そこに住んでたから」。そんな山野さんのコメントを皮切りにそれぞれが、「私は荒川」「私は利根川」「私は泉川」「私は小田原にいたから酒匂川」と、思い出す川の名を挙げ始める。

「私は甲府に住んでたから荒川と富士川なの。大きい川はないの」と誰かが言えば、「私は笛吹川」と答える。筆者が笛吹川も確か山梨県ですよねと振ると、誰かが「ソウ、ソウ」と答える。本人はどこだったか記憶にないようである。

近藤さんが、「私は新潟県だから信濃川だ」と言えば皆から「信濃川は大きい川だわぇー」との声が上がる。そんな声に反応してか、最初に答えた山野さんが再び、「私が見たのはね、そんなに水が流れていない川なの、雪解け水だからネ、ちょっと流れていただけ。こっち側がずーっと山になっていてね……」。

子どもの頃、谷川岳のふもとで育ったという山野さんは、春になると谷川岳から流れてくる小さな水の歌をいつも聴いていたのかも知れない。今回の朗読「谷川のうた」を聴き、昔見た雪解け水の流れるさまが浮かび上がってきたのだろう。

杉本さんは、昔はこの施設のすぐ前が海だったと言う。

「いつの間にかこうなっちゃって、昔はすぐ海に行けて泳げたのに」と残念そうに話す。いつの話かどこの話か定かではないが、きっと杉本さんが子どもの頃は、あまり建物もなく家から海まで見渡せたところに住んでいたのだろう。そこでよく泳いでいたのかも知れない。今は泳げる川がないとしきりに嘆かれていた。

近藤さんは、「川は氾濫するから恐い。家財道具をすべて流されてしまうから」と何度も繰り返していた。子どもの頃、氾濫した川を見たのだと言う。よほどその時の光景が印象的に心に残っていたのだろう。

次に、「大きい川と小さい川どちらが好きですか」という質問を全員に投げ掛けてみた。

「小さい川」という声が多い。安藤さんの理由は、小さい川のほうが景色が良く見えるからだという。大きい川は、ただ大きいだけで、船に乗ったら見ごたえはあるかも知れないが、景色を見るなら小さい川がいい。小さい川の方が景色を味わうなら風情があるからと答えた。

川の話だけでかなり盛り上がった。誰かが答えている間もそれぞれが川についてのコメントを口々にするので、場は一挙に賑やかになった。川について何も浮かばない人がいなかったのは面白い。時代のせいもあるのかも知れないが、川というのはこんなにも人の心にいつまでも印象深く残るものなのかと思った。

今日のセッションでは川のイメージが、眠っていた記憶を刺激し、それぞれが過去の情景を回想するに至っている。一人ひとりの川について話す声が、セラピー前と比べしっかり生き生きとして言葉もほとばしるように出てくる。こういった体験は認知症状を抱える方たちにとって、眠っていた感覚を呼び戻すいい刺激になったのではと感じた。

イメージ絵画場面（図5参照）

この日のプログラムの最後は、川のイメージ画作成である。

子どもの頃見た谷川が浮かぶと答えた山野さんはイメージを絵にしていくうちさら

図５　イメージ画「川」

に記憶が蘇ってきたようである。具体的な情景が次々と画用紙に展開されていった。「雪がね、いっぺんに解けて流れたときを見たの。こっちがずーっと山なの。こっちはね、登れないの。こっちの方はロープウェイで登るの。雪解け水だけだからね、そんなに水はないの」とスタッフに一所懸命説明しながら描いている。

近藤源三郎さんの絵を覗くと、川のほとりに建物を描いている。建物はビルにするか普通の家にするかで思案中とのこと。川の反対側には畑が描かれている。「ここは畑ですか」と聞くと、「畑だけじゃねぇ、ここから水を引いて田んぼも作らなくちゃね」と言いながら実に楽しそうだ。この方が最初のセラピーで絵は絶対描かんと怒鳴った人とはとても思えない。

スタッフによると、以前の難しい顔がうそのように、最近はずいぶん和らいだ表情で声もリラックスしているとのことであった。もっと早く朗読セラピーを受けていたらとスタッフは繰り返す。

相模川を描いた小山さんは画用紙の絵を指して、「ここにね、鮎がいたのよ」と、誰に向かって言うともなく絵の説明を始める。

「わかる、わかる。目に浮かぶようだわ」「ステキねぇ」などまわりから声が上がる。

そういった反応につられてか、小山さんの説明は中々止まらない。

吉井川を描いているという林さんは昔、川のそばに住んでいたと言う。川の中には魚のほかに亀までいる。スタッフから「川に亀までいるの？　すてきねぇ」と声を掛けられると、「そうなのよぉ」と、嬉しそうな表情。隣の人の絵を覗いて、「あなたのもきれいよ。おうちが外国の家みたい」と、気配りするさまもほほえましい。

考察

この日の最後のプログラムである川のイメージ画作成は、それぞれが隣の人やスタッフに話し掛けながら作業に取り組み、賑やかな場面が展開された。

隣の人の描いた絵を見て、「上手ねぇ」とか「その色使いとってもいいわね」など と自然に会話している光景が見られた。その生き生きした表情を見ていると、お互いに褒め合い自慢し合うことで自分と言う存在を再確認しているかのように思われた。そういった体験は自己受容にも繋がるものだ。二時間に及ぶセラピーを全員が最後まで集中し、疲れた様子もなく、むしろ生き生きとした表情に生まれ変わるという体験も早々ないのではないだろうか。

今回の取り組みを行うにあたって、施設側が選んだメンバーは、普段ほとんど言葉を発することのない人たちと聞いていた。せいぜい自分の要求のあるときか、あるいはスタッフの問い掛けに対してイエス、ノーの返事をする時くらいで、それ以外は自発的な言葉は出てこないという人たちということだった。

半年間のセラピーを終えて、看護師さん始めスタッフの感想は、普段からは想像できない利用者たちの思わぬ反応に驚いたという。

その反応とは、

・笑いが見られたこと
・表情が生き生きしていたこと
・おたがいのコミュニケーションが見られたこと
・話し相手の言うこともよく聴いていたこと
・相手の意見に対し主張が見られたこと

などである。

発語条件として考えられるのはまずは「感情が動く」ということが大事である。豊かな言語は豊かな感情があってはじめて生まれるものであると確信したセラピーであった。

セラピーを通して思うこと

認知症の方々に筆者が朗読を始めると、それまで生気を失っていた目が生き生きと輝き始める。最近思うことは、この人たちにとってお話を聴くということは夢のような出来事なのかも知れないと。しかし、たとえその夢はすぐに記憶から消えてしまっても、そのときの好奇心に満ちた目の輝きは真実のものであり、眠っていた感情が生き生きと目覚める瞬間《とき》なのだと。認知症の人々にとって、「今」というときは、昔の生き生きとした時間の延長線上に存在する。あらゆる記憶を失っていても不思議と遠い過去の記憶はなぜか彼らの中で鮮明に生き続けている。それはきっとわれわれ人間にとって何か意味あることのようにセッションを重ねるうち思うようになった。生き生きした過去の時間を旅することは、生き生きとした感情を呼び戻すことでもある。そしてその感情はほとばしる言語となって生まれてくる。そのためには、途切れていた過去と現在を繋ぐための働き掛けが必要であり、その働き掛けの手段はもちろん言語である。それも真に魂に響く生きた声の力だ。無機的な声の響きからは生き生きした感情を蘇えらせることはないだろう。

今回、施設側で選んだ方たちは普段はトローンとしてほとんど反応が返ってこない人たちだった。しかし、関わり方しだいで同じ人たちとは思えないほど生き生きとした反応が返って来る。

小澤勲は、『認知症とは何か』（二〇〇五年　岩波書店）という本の中で次のようなコメントをしている。「認知症のケアがうまくいっている場は、現実の世界と少し離れた、暖かい、虚構の世界、和みの空間が、認知症のケアに役立つのだ」と。朗読療法は、ただ朗読すればいいということではない。何よりも朗読する人が、虚構の世界を心から楽しんでいるということが重要なのだ。

第六章

集団朗読療法の効用

定期的に朗読セラピーを受けているメンバーが、一年を経過してどのような変化が見られたかについて、日々彼らのケアをしているスタッフ（ケースワーカー、臨床心理士、看護師）に協力をもらい気がついた点などを報告してもらった。

第一節　スタッフから見たメンバーの変化について

・プログラムの始まる前と後では顔の表情が明らかに違うと感じる。朗読療法が終わった後は、いつもリラックス感が感じられる
・楽しい、ゆったりした気分になれるという声が多い
・帰りの反省会では、それぞれが感動した、悲しかった、いい話が聴けたなどの声がよくある
・楽しいだけのプログラムは多いが、悲しい、寂しい、恐いなどを感じるプログラムはあまりないので感情表出にとても有効であると感じる。実際、今までは、デイケアを修了するメンバーがいても無関心だったのが、今では、離れる名残惜しさや、寂しさ、悲しさなどを率直に表せるようになってきた

・話を静かに聴く機会があまりないので、気持ちが落ち着くという効果が見られる
・普段能力の低い人が頑張っていたり、いい絵を描いていたり、発想が面白かったりと、メンバーの意外な一面が見られる
・どんどん自分のイメージを発想させているメンバーとかも見られ、想像力を高めるのにとてもいいプログラムだと思う
・物語りに自分を照らし合わせたりして、自己を見つめて考える機会になっている
・話を聴く理解力が深まっていいと思う
・以前、日常で湧いた疑問をスタッフに話すとき、話の途中で混乱してしまうといった様子が見られたが、朗読療法を受けるようになって、自分なりに頭の中で整理してからスタッフに問いかけが出来るようになってきた。脳のいい刺激になっているようである
・皆で一緒に声を出すようなことがないので、メンバー同士の連帯感を深めるのに良い機会となっている
・終わった後のメンバーの表情が、皆、生き生きしている
・「声」を媒体としたプログラムが少ないので、多くのメンバーが楽しみにしている

ようだ

・調子の悪いとき、どうしても呼吸が浅くなるので、複式呼吸を学べるという意味でも効用のあるプログラムだと考えている

・グループセラピーとしても有効なプログラムであると思う。自分の表現について他の人達から感想を言ってもらったり、他の人達の表現について自分が感想を述べるなど、グループ内の良い相互作用が起きている

・現在、シリーズものの朗読をしていただいているが、メンバーにとって次回を期待したり、今後の展開を予想したりなど、楽しみの多いプログラムであると思う

・「言葉」と「声」で聴いたものから、イメージを浮かべ、それをまた「イメージ画」によって表現することは、脳内の活性化にも役立っている

・スタッフとしては、今後の展望は特にないが、現在と同様なプログラムを続けていただきたいと思う。グループ内に、より多くのダイナミクスが起こり、社会復帰などの目標の手助けとなるプログラムであると考えている

・何かの「役」になることは統合失調症のセラピーに有効であると思う

以上の報告を元に、朗読セラピーの効用について簡潔にまとめたのが次の七項目である。

①精神の安定
②心身の活性化
③感情表出への有効性
④理解力、イメージ力の増強
⑤話の構成力の強化（脳機能の活性化）
⑥能力の開花
⑦自発性、意欲の向上
⑧連帯感の高まり

第二節　メンバーの変化を通してみる朗読セラピーの効用

①〜②　精神安定、心身の活性化について

スタッフのコメントにもあるように、朗読セラピーを受けた後のメンバーの表情が

受ける前と比較して、リラックスして生き生きと変化することや、また、気持ちがゆったりするというメンバーの感想などを合わせて考えると、朗読セラピーは、普段、緊張しやすく、力を抜くことが苦手な彼らにとっては、楽しみながら、自然に心身調整ができるプログラムと言えるようである。報告文から、朗読セラピーをメンバーがとても楽しみにしていることが伺える。

③　感情表出の有効性について

彼らは、日常生活の中で感情をうまく表出することが不得手であり、円滑な人間関係を培う上でもクリアすべき課題だと思われる。今回の報告では、デイケアを去る人に対して、これまでは無関心だったのが、朗読セラピーを体験することによって、名残惜しさや悲しい、寂しいといった気持ちを素直に表現できるようになってきた。それは感情表出の苦手な彼らにとって大きな変化であったと思われる。そういった日常の中で見られる変化については、毎日メンバーと接しているスタッフだからこそ観察できた貴重なコメントであったと思う。

④〜⑤　話の理解力、イメージ力、組み立て力の強化について

朗読療法が、彼らの思考の混乱傾向の改善に役立っているという報告も興味深いものがある。つまり、日常で湧いた疑問をスタッフに話すとき、それまでは話の途中で混乱していたのが、朗読セラピーを受けるようになってからは自分なりに頭の中で整理し、スタッフに問い掛けが出来るようになってきたということである。

人に何かを伝えようとするときは、まず、話す内容を頭の中で組み立てる力が必要である。つまり話す内容をイメージ化できなくてはならない。

朗読セラピーでは、耳から聴いた物語りを頭の中でイメージし、そこから感じたことを人にわかるように伝えなくてはならないので、セラピーを続けていくことで、徐々に内容をイメージする力や組み立てる力が養われていくことになる。

ある日、デイケアのメンバーの一人が筆者のところへ来て「先生、僕はセラピーを始めた頃、聴いている最中は、内容も理解してわかっているはずなのに、朗読が終わってどんな話だったかを話そうとすると、なんだか混乱してきて結局どんな話だったのか分からなくなってしまったことがよくあったんです。それが今では、ちゃんと始

めからストーリーを追ってイメージできるし、人にもどんな内容かもちゃんと組み立てて伝えられるようになってきたんですよ。以前はストーリーを思い出すだけで難しいって思ったけど、いつからか、自然に頭の中に入ってくるようになったんです。自分としては何だか不思議なんですけど……やっぱり嬉しいです。……」と言っていた。まさにスタッフの報告と一致した話だった。

朗読セラピーでは、セラピストが朗読した作品について、皆で思ったことや感じたことなどを思いつくままトークしている。確かに、これまでの彼は、「すいませーん、先生！　僕、今言おうとしたこと、忘れちゃって…。なんか、うまくまとめられなくて…」という発言が多かったが、最近ではちゃんとストーリーを覚えていて、そこから感じたことをみんなの前で伝えられるようになってきたのである。

そんな折、病院主催の家族会の席で、彼は大勢の人たちを前に、自分の病気の始まりから今までの経過について、様々なエピソードを交えながら約1時間に渡り講演したという話を聞いた。参加者の多くは涙ながらに彼の話に耳を傾けていたそうで、時々会場内の笑いまで取る場面もあり、講演は大成功に終わったようである。以前の彼からは予想も出来ないことだった。

⑥〜⑧　能力の開花、自発性意欲の向上、連帯感について

スタッフのコメントに「朗読療法を受けていると、普段、能力が低い人が頑張っていたり、いい絵を描いていたり、発想が面白かったりする……」ということが記されていた。精神障害者の多くは、病気に対しての劣等意識から自分に自信が持てず、何をするにも消極的になってしまうため、せっかくいい能力を持っていてもそれを発揮する機会のないまま過ぎてしまっているケースが多いようだ。朗読セラピーは、自然な流れで自己表現できるようなプログラムになっているので、中にはすばらしい力を発揮する人もいる。

音声表現場面では、一人が終わると、他のメンバーから「うまいなぁー」とか「すごいなぁー」とか、拍手とともにそんなことばが飛び交う。それだけでも普段、人から認められる機会などほとんどないメンバーたちは、思わずはにかんだような嬉しそうな表情を見せる。そういった言葉掛けが、彼らの自信を取り戻すきっかけになっているのかも知れない。

朗読セラピーを行っていて感じることは、普段、口数少なく目立たない人でも、その人らしさを引き出すきっかけを作ってあげると、なかなか味のある面を見せてくれ

ることがある。そのことがきっかけで、今まで他のメンバーとコミュニケーションがなかった人が、皆の身近な存在になって心打ち解けて会話できるようになったりもする。

こういったことは学校教育の場でも大いに活用できることではないだろうか。

一人ひとりの能力の向上というのは精神と深くかかわっている。人と比べ能力が劣っていたり、性格が消極的で目立たない子どもはいじめの対象になったりしがちである。しかし、誰でも必ずその人にしかない能力を持っているものである。存在感のまったくなかった子どもが、あるきっかけを指導者が作ってあげるだけで、次の日からヒーローになったりすることもあるはずである。

精神の病に苦しんでいる人たちの多くは、やさしく繊細で傷つきやすい人たちである。そういった面が逆に病気を引き寄せているとも言えるが、社会によりよく適合していくためには、誰でも持っているその人しかない魅力を引き出して自信に繋げていくことが何より大切であると思う。

第三節　事例——朗読セラピーを体験して

次に紹介するのは、御自身のスキルアップのため、精神科の朗読セラピーの体験を希望された三人の方の手記である。朗読療法の捉え方もそれぞれの心の状況を反映したものとなっている。

手記(1)

「朗読セラピーを体験して」　　中田薫　30歳　男性（ソーシャルワーカ）

・子どもの頃、寝る前に母に本を読んでもらっていたときの気持ちが蘇えり、ちょっと恥ずかしい気持ちになるけれど、素直に身を任せたくなった

・朗読を聴いていると、このままずっと聴いていたい、終わってほしくないという気持ちになった

・意識は聴覚とイメージする世界に集中した。目をつぶるとまわりは気にならなくなって物語りの世界に引き込まれた

・イメージ絵画製作では絵をもっと描きたくなった。何場面も描きたくなった
・最後に、また、発声練習をしたくなった。声を発したい、誰かと話したいという気持ちになった
・私はこれまで、人と何か話したいという気持ちになることがあまりなく人生を送ってきた。ところが、セラピーを受けていると、人に何かを話したくなっている自分に気づいた。物語りについて他のメンバーの人たちと無性に何か話したいのである。自分はこんな風に解釈したけど他の人はどうかなとか、色んな疑問点や話したくなることが出てきた。そんな自分に気づいたとき、何だかとても嬉しくなった
・物語りを通して自分の考えを改めて考えさせられた。たとえば私の場合、日常生活の営みの中でフッと、死の不安、恐怖に襲われることがある。そんなときどうすることも出来ず、無気力感にしばらく身をゆだねるしかなくなる。しかし、しばらく経過すると落ち着いてきて「どうせいつか死ぬのなら今を精一杯生きよう」と、また生きる勇気が湧いてくる。そういったマイナスからプラスへの移行の気持ち、感情の動きが今回のセラピーの途中からも生じてきた。

考察

彼のコメントの中で興味深いのは「自分はこれまでの人生で、人と何か話したいと思うことなどほとんどなく生きてきた」と述べていることである。ところが朗読セラピーを受けて、無性に人と話したくなっている自分に驚くのである。それも、人と思いや意見を交わしたがっている自分である。恐らく彼自身考えもしなかったことだろう。その新たな発見について、彼は嬉しいと表現している。これまでも彼の無意識の底では心の交流を求めていたのかも知れない。どのような経緯からそのような気持ちが創られてしまったのかはわからないが、人と話をしたいという気持になったことがない人生を生きてきた人間が、一転して無性に人と話したいという気持ちに変化したというのは、彼にとって非常に意味のある体験だったと思われる。

朗読セラピーのセッションを受けることで、日常の堅くなっていた心が軟らかくなり、心が解放され、本来の自由な自分に戻ったのかも知れない。ごく自然に自分の気持ちを誰かに表したい、他者と共有したいという気持ちが沸き起こったのではないだろうか。

彼はコメントの最後で、「朗読療法を受けると、マイナスからプラスへ向かう気持ちや感情が発生する」と述べている。人と意見を交わしたいという気持ちは前向きな姿勢である。今回の朗読セラピー体験は彼にとってまさに新しい自分発見と言えよう。

手記(2)

「朗読セラピーを体験して」

波野富士夫　27歳　男性（心理カウンセラー）

朗読セラピーでは、最初に始める呼吸調整の段階が終わる頃には、私はいつも非常に心身リラックスした状態となります。もう少し詳しく言えば〝厳粛〟な気分とでも言ったほうがよいでしょうか。メンバーの方々も先生の教示に合わせて、意識して長く息を吐く、ということを何度か繰り返すうち、これから始まる朗読を待ち望んでいた気持ちや、〝今日は何を話すのだろう〟との期待など、ひとまず鎮めて気を落ち着けていくような感じがしています。私はこれをすると、疲れているときでも頭がすっきりしてくる感じがするので不思議です。

その後に続く発声練習では、逆に頭が活性化していくような、なにかものを考えているときとはまた違う、すっきりと頭が活性していくような感じがします。この練習ではテキストに書いてある音の羅列を、皆と同じ内容をそのまま皆と一緒に発声すればよいだけですので、発声する事自体にまつわる多少の恥ずかしさも、顔を火照らせながらも発声する力に変えていける感じがしています。また個々での発声も、皆と同じ内容を発声すればよいわけですので、自分の話が相手に伝わるか……などと気をもんだりすることももちろんなく、そのまま自分の声を皆に伝え聞いてもらうことができるというのは、なかなか気持ちよい体験のように感じています。メンバーの方たちも皆楽しんでやっている様子で、共有した一体感があるように感じます。音の高低や発声の仕方を様々に変えてみたりすることも、知らなかった自分の声との出逢いという体験があるように思います。

かつて一度、これらの呼吸調整や発声が時間の都合でないまま朗読が始まった事がありますが、実は、朗読の前の呼吸調整と発声練習は、気持ちを整えるのにとても大事な意味があったんだということをそのとき始めて気づかされました。

こうした呼吸調整や発声練習を終え、本編の朗読に入る頃には、自分の普段の心の在り方や、悩む心とも切り離されたような感じで、物語世界の中にかなり素直に〝入っていける〟感じがします。朗読中は、大抵、メンバーさんは皆、目を瞑《つぶ》って聴いていている様子で、朗読後には目を開け、互いを見渡したりしていますが、そのとき皆なぜか決まっていつも深い呼吸を一つします。まるで朗読が終わったことを互いに確認し合っているかのような印象も受けます。この瞬間も、また一つの非常に気持ちよい瞬間です。

その後は、絵と感想を書いてこれを皆で発表し合いますが、イメージ絵画では、絵心のない私には少々気後れしてしまうところもありますが、自由に描いてよいとのことで、メンバーの方たちも皆それぞれ自由に、気の赴くまま描き、いい雰囲気で過ごしている時間のように感じます。メンバーさんの中にはとても絵の上手な方もいたり、また絵に付け加えられるコメントも人様々ですが、他のメンバーさんの発表や感想にかなり積極的な関心を持って互いに聞いている感じがあります。私もとても素直な感じで他の人の感想に関心を寄せることができる感じがしています。同じ場所で同じ話を聴いていても、感想は皆それぞれに異なり、様々な見方・感想が聞かれることは、当たり前といったら当たり前のことかも知れませんが、毎回ながらとても新鮮で貴重な体験です。

皆の感想を一通り聞いた後は、物語りについての話し合いです。すでにメンバーさんの心の中には他の人の感想について聞きたいことや、他の人の感想を聞いてあらためて自分自身の中に思ったことなどもたくさん思い浮かんでいる様子で、話し下手な人も先生のサポートを得ながら、話はいくらでも尽きない様子です。

朗読セラピー全体を通して、普段の自分の日常的な心の在り方とは切り離された状態で、物語りを聴いて、そしてそれについてメンバーさん同士で自由に話し合ったりする中で、本人も知るか知らないうちに、自身の思いや考えなどを、物語りという現実的なものとは一見ほど遠い題材を通して、抽象的でソフトな形で自由にやりとりしている様は、また多人数でのそのような場に巡り合えることは、朗読セラピーのまた一つの大きな効用である気がしています。

考察

心理カウンセラーの波野さんは、朗読療法を体験したいという希望で、約1年近くに渡り、筆者が行なっている精神科デイケアの朗読セラピーに参加されていた。今回、波野さんはその体験を通して、朗読セラピーのセッションの流れに沿った形で、参加メンバーの反応や自身の心の変化について客観的に、かつ、詳細に述べてくれた。こういった実際にセッションを体験した方のコメントは、朗読セラピーを理解する上で参考となると思う。

文面にもあるように、波野さんは、疲れている時でも朗読セラピーを受けると、頭がすっきりして気分がとても安定すると言っている。スキルアップだけではなく、そんなことも朗読セラピーを続けられた理由の一つだと思われる。

彼は、コメントの中で、「朗読中は、大抵、皆、目を瞑って聴いているが、終わると、決まって皆いつも深い呼吸を一つする。まるで朗読が終わったことを互いに確認し合っているようでもあり、この瞬間も、また、非常に気持ちよい瞬間だ」と述べている。

筆者は、物語り朗読が終わって、次の言葉を発する前には、しばし、間を置くようにしている。物語りの余韻を大事にしたいのと、物語全体のイメージを反芻できる時間をとりたいからである。間の長さはそのときそのときの空気によって違う。波野さんはその「間」が非常に心地良いと感じられていたのだ。それはたぶん物語りという非日常の世界から日常の世界へ戻るためには必要な精神の切り替えの時間だったとも取れる。いずれにせよ、朗読の終わった後の適度な「間」は聴き手にとって必要な時間だったようである。

朗読の世界において「間」は重要な要素である。「間」は人間の心理と密接に関係する。聴き手が作品に引き込まれるかどうかは「間」で決まると言っても過言ではない。朗読にとって間は命である。「間」は決して沈黙でもなければ休みでもない。適切な「間」によって言葉は生かされる。適切な「間」によって心はホッとする。

人生も適切な「間」を使うことができる人は豊かな人生を送ることができる人であろう。

手記(3)

「朗読セラピーを体験して」　高山宏　24歳　男性（大学院生）

声を出すことの気持ちよさを感じました。確かにこれは体中の嫌な気持ちを出してくれるような気がします。

また、普段意識していない自分の声を聴くという行為をじっくり体験できるこの空間は非常に新鮮でした。

それと、朗読に耳を傾けていると頭の中にいろいろなことがイメージされ、様々な感情が沸き、自分の心を振り返りました。僕にとっては不思議な体験でした。考えてみると、普段なかなかこうやって自分を客観的に見る機会というものは意外とないもんだなということにも気がつきました。今日は、これまで気がつかなかった自分を知ることができたので、こういう機会は貴重だなと思います。

それに、悲しさ、淋しさ、怒りなど、楽しい、おもしろいだけではなく、たくさんの感情を感じることも大切だと思いました。今日朗読セラピーを受けてみて、朗読セラピーって自分から離れて自分を知るっていうことかなと思いました。朗読セラピーを受けて何か心を覆っていた霧のような膜が取れた感じがします。

考察

朗読セラピーのセッションでは自分の声を聴くという練習をする。高山さんは始め自分の声を自分で聴くことなど出来ないと思っていたようである。ところが、セッションが終わったとき、筆者のところへ来て「先生、今日は不思議な体験をしました。自分の声を聴きなさいって言われてそんなことできるわけないって思ったんですけど、やってみて、アアー自分の声って聴けるんだ……今日は単純にびっくりしました。実はいつもちゃんと聞こえているのに聞こうとする意識がなかったから聞こえていなかっただけだったんだって思いました。人は自分のこういう声を聴いているのかなと思うとなんか新たな自分を発見したようで感動しました」と話していた。

おそらく彼だけではなく、多くの人は日常、自分の声を意識して聴いてはいないだろう。しかし、意識するだけでも人に語り掛ける時の声の遣い方は大きく変わってくる。朗読セラピーのメンバーも、始めはほとんどの人が頼りない弱々しい声を出していたが、だんだんとしっかりした声に変わってきている。それとともに最近では人前で話すことにも抵抗がなくなってきているように感じる。

第七章

セラピー朗読に学ぶ

第一節　セラピー朗読に学ぶ「語り掛けの技術」

語り掛けの重要性

どんな療法でもその技術を行うにあたっては、対象者への語り掛けは重要なプロセスと言えよう。朗読療法にしても然りである。いきなり朗読が始まるわけではない。どんな話しだろうとわくわくする気持ちに持っていくことが大事である。そのためには語り掛けの果たす役割は大変大きいといえる。それは何を語り掛けるのかということを問題にしているのではない。どう語り掛けるかということが重要な観点になる。つまり、声の遣い方にその鍵がある。音楽療法にしても遊戯療法、箱庭療法、自律訓練法にしても同様である。クライエントにとっては何を伝えられたかという以前にどう伝えられたかが問題なのである。どんなすばらしい技術にしてもその技術が生かされるか否かは語り掛けの力にかかっている。技術は語り掛けと一体になってはじめて効果が発揮される。しかし、どんな世界でも技術に関することは教えられても、その成功の鍵を握る語り掛けについて伝授されることはほとんどない。

語り掛けの重要性は療法の世界に限ったことではない。人と人との関係性すべてに言えることである。仕事を成功させるのも、また、家族、友人、職場の関係を円滑に運ぶのも、語り掛けがどうなされるかによるところが大きいと言える。

「セラピー朗読」の世界は「語り掛け」の世界

では、「語り掛け」とはいったいどういったものかを「語り」との比較において考えてみたいと思う。

「語り」と「語り掛け」はどのように違うのか。筆者なりの解釈で考えてみたいと思う。

「語り」はあるテーマを音声手段によって聴き手に披露するということが目的で、基本的に一方通行の世界である。語る側、聴く側の役目がハッキリとしている。いわゆる一般的な朗読の世界はこちらにあたる。

「語り」という言葉に〝掛け〟という言葉がつくだけで、意味合いは違ったものになり、「語り掛け」には、語るという意味あいとそれにプラスして相手の心に働きかけるという意味合いが出てくる。つまり、「語り掛け」は心に働き掛けるという意識が前提にあって行うものである。であるから、自分自身がただ語ることだけを目的とするのではなく相手に働き掛けることで、相互の心の交流を目指すものである。常に、語り掛ける相手の反応を確かめながら心と心の対話を意味する。

「セラピー朗読」も同じ世界である。セラピー朗読には語り掛け技術に必要なエキスが豊富に詰まっていると言える。セラピー朗読は対象者のための朗読である。つまり、語り掛けもセラピー朗読も相手の心にどう響くかが問題であり、常に相手の心の反応を確かめながら進めていくことが求められる。

言葉は心に届けるもの

アメリカの心理学者アルバート・メラビアン（一九三九〜）は、人が対面してコミュニケーション（フェイス・トゥー・フェイス・コミュニケーション）を行うとき、言語によるメッセージ（言葉そのものが伝える意味内容）と非言語によるメッセージ（声の調子や顔の表情）とどちらが重要であるかという研究調査を行った。

その結果、非言語メッセージの方が、言語メッセージより重要であるという調査結果を、彼の著書（Silent messages, Wadsworth Publishers, 1972.）の中で発表している。

つまり、人が対面してコミュニケーションを行うときには、基本的には、言語（言葉の意味）、声の調子やトーン（聴覚要素）、顔の表情など（視覚要素）といった三つの要素があるが、効果的なコミュニケーションとはこれらが一致しているときであり、この三つの要素が矛盾している場合には人は不快な感じを受けることになるというのである。

たとえば、「ありがとう」という言葉を例に取ると、言葉の意味としては感謝の意になるが、声のトーンが沈んでいたり、顔の表情が曇っていたりすると、人は感謝されているとは感じられず、むしろ有難た迷惑なことをしてしまったのかという気持ちにとらわれ、混乱し落ち込んでしまう。

このように三つの要素が矛盾した内容を送っている状況では、言葉がメッセージ伝達に占める割合は七パーセント、後の九三パーセントは言葉以外の要素（聴覚的要素三八パーセント、視覚的要素五五パーセント）であり、非言語によるメッセージの占める割合が高いことを示している。つまり、効果的なコミュニケーションを行なうには、これらの要素が一致していることが大切だということである。知らず知らず矛盾したメッセージを相手に送り不快な気分にさせることがないように声や表情にも気を配るようにしたいものである。

特に声に関して言えば、自分の思いがあればつい相手に伝わっているものと勘違いしがちである。その結果、自分の思いを伝えることばかりに一所懸命になり、肝心な声の遣い方がおざなりになっていることが多い。自分の声を客観的に聴き、声の気配りができる人は対人関係でも良いコミュニケーションが取れる人である。重要なのは、何を伝えるかではなく、どう伝えるか、つまりどう伝えたら相手の心に届くかである。そういった気持ちが根底にあれば、おのずと声の遣い方も変わってくるはずである。

いつだったかＴＶ番組の中で、公立の学校の元校長先生が、ある聾唖学校に赴任した当時のことを振り返り次のような話をされていたことがあった。

自分は聾唖学校に来るまでは子どもの教育にかけてベテランだと自負していたのに、赴任当時そこの子どもたちと全くコミュニケーションが取れないことにかなりのショックを受けたと言う。その後しばらく子どもたちのいる教室に足を運ぶことも恐くて校長室に引きこもる日々が続いたそうだ。さすがにこれではいけないと勇気を出して恐る恐る子どもたちの教室を見回り始めたとき、ある母親の言葉で自分ははじめて目が覚めた思いがしたと話される。長い間言葉が出てこない子どもを持って苦悩されて

いた母親が、はじめて子どもの言葉が出た時、

「先生、言葉って耳に届けるものではなくて、心に届けるものだったんですね」母親のその言葉から受けた衝撃は今も忘れられないと。

元校長曰く。「母親がそのとき口にした言葉は今も私の心に強烈に残っています。我々は生まれたときから当たり前に言葉があって、だから、かえって、言葉が通じるということで邪魔しているものがあるのではないか。我々はいま情報化社会の中にいて常に説明の中にとっぷりと浸かっています。本当に子どもの心に届く言葉を使えているだろうか。自分はこの学校に来て、あらためて、言葉というのは、真に心の奥底から発信しなければ相手の心には届かないということに気がつかされました。障害をもつ子どもの学校ではそうしなければ子どもたちには届かないから。障害の子どもたちと関わって、彼らが、いま、我々が見えなくなってしまっている一番重要なことに気がつかせてくれました」と。

心に届く語り掛け（朗読）の技術とは

朗読療法におけるセラピー朗読の条件は心に届く朗読である。

語り掛けも同じである。そのためにはまず聴き手を話に集中させ、惹き込む力が必要である。

その鍵は「声の遣い方」にある。そのためには訓練も必要である。しかし、あくまで技術が先にあるわけではない。大事なのは何を伝えたいのかということである。このことを伝えたいという強い思いがあって、どうしたら相手の心に届けられるか、そこに表現の工夫が生まれる。もちろん精神性も深くかかわってくる。

まずは、ベースとなる声と、表現力を磨く方法について心を癒すセラピー朗読法を参考に論じよう。

Ⅰ　声力を磨く

声創りは心と体のリラックスから

自分が出したい声を出すには、心が不安定だったり緊張していたら自由に声は出せない。また、体も心と関係があるので緊張して硬くなった状態では思うように声をコントロールすることはできない。まずは心と体の緊張を解いてリラックスすることからはじめよう。

〈心のリラックス〉

精神を自然でニュートラルな状態にすることが大切である。なぜなら朗読は語り手一人で様々な登場人物を描いていかなければならないからである。登場人物を描くということは一人ひとりの心を描いていくことでもあり、心を感じるということである。それにはすばやい感情の切り換えが必要となる。

そのためにも自身の精神がリラックスして安定していることが求められる。そうでなければ瞬時に気持ちを動かすことは到底できないからである。まずは心の緊張を解くことが大事である。

朗読療法ではその方法として、心の緊張を解く呼吸法で気持ちを整える。

〈体のリラックス〉

人間の体は緊張していると力が入って硬くなる。普通のときでも肩や首に力が入っていたりする。特に人前で話すとなるとどうしても体に力が入ってしまいがちである。体のどこかに力が入っていると良い声は出せない。聴いている人まで力が入ってしまい、癒されるどころか緊張感が増し、精神的にも身体的にも疲れてしまう。

そこで、首、肩、胸、膝、ノドなどの余計な緊張を抜いてまずは体全体を楽なリラックスした状態に整える。

朗読療法ではその方法としてリラックス発声法を取り入れ、体の緊張を抜くことから始める。

声の基本的条件

次に、声力を磨くにあたって人に伝えるための声の基本的条件について述べる。

人に伝えるための声の基本的条件とは、まず聴きやすいということである

聴きやすいというのはどういう声か。それは、人が聴き取りやすい様にちゃんと配慮（コントロール）されている声のことである。

次の点を意識し声が遣われていることが大切である。

①　自然

②　明瞭（音量、滑舌、響き）

③　安定

①自然な声とは：余計な力の入っていない自然な声（腹式呼吸、つまり横隔膜で呼吸

する方法を使うことで、息が均一に長く続き、安定した深みのある声）になる。
②明瞭な声とは：言葉がはっきりと伝わること。聴き手に内容がきちっと伝わるということが最低限の条件。そのためには発声、発音がきちんとできていることが必要。
明瞭さの要素として
（音量）その場の空間にちょうどよい適切な音量
（滑舌）言葉の一音一音の発音がハッキリして滑らかであること
（響き）声に響きを持たせることで通る聴きやすい声になるように
③安定した声とは：声が震えたり上ずったりせず、バランスの良い声（語り手の精神の安定が大切）。

声力を磨くためのトレーニング

①リラックストレーニング：心・身体の力を抜き、リラックスさせるトレーニングのこと
・心を開く：深い呼吸法で気持ちを整える
・体を開く：体を楽にして空間を感じる

②呼吸トレーニング：腹式呼吸（横隔膜呼吸）―美しい発声の条件は息が長く続くこと。長いせりふを乱れずに言うためにも正しい息の遣い方を身につける。
③発声トレーニング：（声量）どの辺に自分の声を掛けるか、掛けたい方向に十分な声が自在に出せることを目標に行う
④発音トレーニング：（活舌）聴き手に内容を正確に伝えるために一音一音を発音する訓練
⑤アクセントトレーニング：日本語の言葉をはっきり伝えるために共通語としてのアクセントを身につける
⑥共鳴トレーニング：（響き）よく響く声を創るために胸、のど、唇、鼻、頭など共鳴の場所を移動させる訓練
日常基本的な声を出すときの共鳴場所は顔全体を響かせるという意識で出すと、共鳴がまんべんなく行われる。又、声を出す方向をイメージして出す
⑥イメージトレーニング：文字からイメージを起こして音声化する訓練。相手の心にイメージが豊かに構築されてはじめて真の意味が伝えられることになる

Ⅱ　表現力を磨く

人を話に集中させ惹き込むには、表現力があるかないかということが決め手となる。魅力ある朗読（語り掛け）は、聴き手を退屈させない。それは豊かな表現力を持っているかどうかである。

魅力のない朗読（語り掛け）は、聴き手を退屈させる。それは、表現力が貧困で多くの場合一本調子である。

では、表現力はどうしたらつけられるか。

まずは、心の問題である。それは、聴き手を思いやる気持ち、聴き手に対する配慮から生まれるからである。

「正確に、分かりやすく、惹き付ける」ような語りをしたい。そういった思いから表現の工夫が生まれる。そのような気持ちを持つことで適切な感情表現や間が取れるようになるのである。

次に挙げる表現力の要素や表現の決め手を使ったりすることで、表現は変化に富み豊かになってくる。

表現力の要素

①声の大きさ：大小
②声の高さ：高低
③声の速さ：緩急
④声の強さ：強弱
⑤音色：明暗、硬軟

表現力の決め手

①イントネーション（抑揚）：声の高さの変化（高低）、語調、音調（リズム）。伝えたい思いを的確に伝えるために抑揚をつける
②プロミネンス（強調）：強さ、速さ、間を使うことによって、正しく文章が伝わるよう、伝えたい言葉を際立たせる
③ポーズ（間）：間の効果をうまく使えるか否かで聴き手を惹き込むか、退屈させるかが決まる。目から入る文字より微妙なニュアンスが伝えられる音声表現効果の一つ
④アーティキュレーション（活舌、歯切れ）：相手に内容を正確に伝えるためには言

葉の明瞭さが重要である

⑤チェンジオブペース（調子を変える）：語りの調子を変えることで聴き手がイメージしやすくなる。また、語りに変化が生じることによって聴き手は退屈することなく集中して聴くことができる

⑥フレージング（区切り法）：フレーズ（句）の切りかた、文章の粒立てを指す。読む文章をどこで切ったら、作者の伝えたい思いを的確に聴き手に伝えられるかの技術。フレージングの使い方次第で聴き手に生き生きと立体的に伝えることが出来る

⑦リズム（流れ）：語り手の伝えたいことが聴き手に自然に心地よく届くことが大切である

Ⅲ　精神性を磨く

人が話に集中し惹き込まれるための工夫について、技術的な面を通して論じてきたが、技術とは自分が人に対してきちんと心に伝わる話し方をしているだろうかを気づき直すための手段としてある。そこには人を思いやる気持ちがベースにあってはじめて技術に繋がる。いくら技術だけがあっても気持ちがなければ真に心に響くことはな

い。気持ちは声と一体である。技術以前に、まず心の置き方が重要である。つまり、聴き手の心に届けるためには伝える側の精神面の果たす役割は大きい。しかし、多くの人は技術面ばかりに一所懸命になっているのではないだろうか。ぜひ、心に届けるための心創りから始めていただきたい。

筆者はセラピー朗読を行なうにあたって、次の五項目を常に心に置く様に心掛けているので参考にしていただけたらと思う。

1．心の耳を持つ——見えない心は、心の耳で聴くと見えてくる

筆者は朗読や語り掛けの際に、常に相手の反応を聴くように心掛けている。それは、自分の言葉が聴き手の心に届いているかの確認作業である。人は話をするとき、どうしても自分が伝えることにばかりに神経が行ってしまいがちであるが、聴き手の心を意識し続けながら語っていると、聴き手の反応が見えてくる。それは自分の表現を気づき直すための大切な過程でもある。

いつかテレビで、世界的に有名なあるアメリカの俳優が次のようなコメントをしているのを聴き嬉しく思ったことがあった。「演技の基本は相手の反応を聴くことだ。

自分を忘れて観客に耳を傾け、一つ一つの瞬間に魂を込めることこそ最高の役者の条件である」と。なぜそういったことが大事かと言えば、そこから自分自身の見えなかったものが見えてくるからである。人を楽しませる演技とは決して自分本位のものではないはずである。そういった姿勢が、最高の演技を作り出すといえるのではないだろうか。

そして、それはそのまま我々が人への語り掛けの際にも言えることだと思う。

最近の傾向として、カウンセリングに訪れる子どもや若い人たちの訴えの中に、親がちゃんと自分の話を聴いてくれないと不満をつのらせるケースが多い。最近の青少年の痛ましい事件を思うにつけ、親たちはもっと子どもの気持ちを心で聴いてあげることが必要なのではと思う。「きく」という漢字は「聞く」と「聴く」の二種類あるが、人と対話する際は、ぜひ後者の「心」を使った方で聴いていただきたいと思う。

今、自分の心をどうしたらよいのかわからない子どもたちが増えている。今、自分の心が見えない大人たちが増えている。自分の声を、子どもの声を、まわりの声を、心で聴いてみて欲しい。きっと今まで見えなかった心が見えてくるはずである。

相手の言葉によく耳を傾け、自分が話すときも相手の心に耳を傾けながら話す。こういったことを心掛けるだけでも人間関係はずっと豊かなものになるであろう。子どもたちの心もどれだけ救われるだろうか。

2. 心の遊びを持つ——心の遊びは人間関係の滑活油

「心の遊び」とは何? と問われたら「人生の潤いのようなもの」と答えるであろう。そして心の遊びを他者と共有できる手段は「声」である。もちろん一人でも声で遊べる。声を手段として楽しむことで、人間関係にも潤いができたり、心の元気を創ったりもできる、実に安上がりで手軽な心の潤い法である。

言い換えれば心の遊びとは、感情を動かすことであり、想像の世界を楽しむことである。想像という遊びのクッションはストレス回避にも役立つ。

感情を動かすことがうまい人はストレスに強いと言われる。人は感情に振り回されたり支配されてしまうと、身体の機能にも支障が起きる。常に自分の感情をコントロールできる力を身につけておくことが大切である。

心の遊びは車のブレーキやアクセルの遊びと同じである。車のブレーキやアクセルに遊びがなければ大事故につながってしまうであろう。心も同じである。車は危険を回避するために構造上必要であるからあらかじめ遊びの部分が作られているが、人間は自分で創らなければ始めから備えられてはいない。

遊びが備わっていない人はいつも心がトラブルに遭遇する危険を抱えていることになる。心の遊びはつまり心の余裕でもある。朗読においても心の余裕がないと聴き手はだんだん息苦しくなってくる。朗読者がただひたすら一所懸命に表現していると、かえって聴き手は気持ちが引いてしまう。楽しみながら表現するくらいの気持ちの余裕がほしい。その方が聴く側もリラックスして楽しむことができる。

また、作品を適切に表現するためには、自分の中にもう一人、自分の語りを演出する演出家がいることが理想である。優れた語り手は自分の語りを常に客観的に捉えられる心の余裕を持っている。

それは、どの世界にも共通することだろう。営業マンが商品の良さを熱く語れば買い手の気持ちが動くかと言えばそういうものではない。もちろん熱く語ることがいけないのではなく、自分の気持ちをコントロールできる心の余裕がどこかにほしいのである。

3. 感性を磨く――五感の研磨

心に届く朗読の条件は何かと問われれば、聴き手の心にイメージを構築できる力と答える。聴き手の心に豊かなイメージをもたらすことが出来てはじめて心から心へ伝わったといえるからである。それには常に豊かな感性を持ちあわせていることが大切である。なぜなら豊かな感性は豊かなイメージの源泉だからである。ではどうしたら豊かな感性を育むことが出来るであろうか。それには普段から五感を研ぎ澄ませることが大切だと思う。

五感とは、見る、聴く、嗅ぐ、味わう、肌で感じる感覚である。朗読はこの五感を使ってイメージする作業なので、普段の生活の中でも出来る限りこの五感を研ぎ澄ませることが大切である。

しかし、残念なことに近頃は、多くの人が日常の忙しさに心が追われ、五感とは縁遠い生活を送っている。それは、言葉から受けるイメージが乏しくなる傾向と無縁ではなさそうである。五感を使うということは一つ一つの感覚を、身体や心で「確かに感じる」行為である。そういったことが、言葉からのイメージを豊かにし、心にゆとりを呼び戻してくれる。

以前、NHKの「小泉八雲（ラフカディオハーン）五つの顔を持つ男」という番組の朗読を担当したときのことである。筆者が行ったハーンの作品朗読のひとつに、「神々の国の首都」という作品があった。その中に、八雲自身が松江で体験した日本独特の音の風景を身体感覚を通して語っているくだりがあった。

それは、彼が松江に住んでいた当時、朝寝ているときに身体に響いてくる音の感覚を綴っているものだった。

『松江で朝寝ていると、最初に響いてくる音が、米をつく杵の音で、その規則正しい間と、どこか奥深いところからもれ響いてくるようなその感じと、聞こえるというより知覚するという程度に枕にかよってくるその響き具合とが、心臓の鼓動にまことに良く似ている』と表現している。彼はこの音を日本の国の脈拍だと言う。そして寺の釣鐘の音、行商人の哀れっぽい呼び声、祈りを込めた柏手の音、忙しそうに橋の上を歩く下駄の音の響きに耳を澄ます。こよなく日本を愛したという八雲は、日本人の精神性を理解する上で、日本人が日常的に身体に浸み込ませて生きてきた日本独特の音の風景を、彼自身の五感を通して捉えようとしたのでそういった感覚は日常の音の中に当たり前に浸かっている我々日本人には発想し難いものであり、とても新鮮な気がした。

普段の生活の中でも五感を研ぎ澄ませる機会はいっぱいある。我々の多くは、自分の五感が死んでしまっていることに気がつかずに日常を送っているように思われる。ぜひ、五感を意識して生活を送っていただけたらと思う。それは、人が心豊かに生きる上で、我々が忘れかけている何か大切なことに気がつかせてくれる、そんな気がする

五感を高めるには自然に目を向けることが一番の方法だと思う。自然に目を向け、心から楽しむだけで十分である。それだけで心は豊かな気持ちになれる。美しいものを求めてわざわざどこかに出かけて行かなくたって、自然はわれわれの周りにいっぱい息づいている。

空の色、雲の動き、陽の光り、風の音、雨の音、鳥の声、星の瞬き……そこから何と何を感じるかで、それらは私たちの心を満たし楽しませてくれる。

たとえば「雨の音」に耳を澄ますだけでもいい。雨の音ひとつとってもいろいろな音がある。雨の音を何種類言えるであろう。しとしと、ぴちぴち、ぽつぽつ、ぴちゃぴちゃ、ざぁーざぁー。耳を澄ますだけでいろいろな音が聞こえてくる。雨を見なく

ても音を聞くだけで雨は見えてくる。心の耳を澄ますだけで見えない世界が見えてくる。

月や星は世界中のどこからでも誰にでも平等に見える。しかし、いくら目には見えていても確かに見ていなければ、その人にとっては見てないも同然である。そこから何を感じるかで、初めてその人にとってそのものの存在の意味が出てくる。月を見て美しいと感じたり、星を見て神秘さを感じたりすることで、月を見るという行為が確かな感覚として身体に入ってくるのである。広い宇宙に目をやるだけでちっぽけな自分の悩みに気付いたり、物事を全体から見る目を呼び戻してくれる。

また、植物も我々の心を癒してくれる。季節を教えてくれる花や木や葉っぱの香りに心がときめくのは、身体が確かな匂いを覚えているからである。

確かに感じることで、我々は自然に生かされているのだということを再確認し、生かされていることへの感謝の気持ちが生まれる。感謝とは、素直に喜びを感じることであり、それが自然に対する一番のお返しだと思う。身体全体で喜びを感じ取ることが出来れば自然と喜びは声になるだろうし、声に表すことで、気持ちもまた満たされてくる。自然を慈しむ気持ちも自と生まれるだろう。

「地球の美しさを感じ取れる人は人生に疲れたり孤独にさいなまれることがなく生命の終わりの瞬間まで生き生きとした精神力をもちつづけることができるだろう」(『センス・オブ・ワンダー』レーチェル・カーソン著、上遠恵子訳、1996)これは地球環境保護の重要性を訴え続け、一九六三年にこの世を去ったアメリカの女性生物学者レーチェル・カーソンの言葉である。

4. 豊かなイメージを心に——心が劈かれるとき

ある小学校で筆者の朗読会を行ったときのことである。親との言語交流がほとんどない小2男児がその日朗読会が終わって家に帰るなり、「お母さん大変だよ。今日ね、朗読を聴いたんだけどすごいんだよ。色んな声が出るの……どんなおはなしかっていうとね」といって、その日に筆者が朗読した三つの物語りの内容を全部母親に話したという。一所懸命話す息子に感動した母親が、その様子を連絡帳を通して担任の先生に伝えたというのだ。校長からその話を聴き、とても嬉しく思った。彼が、物語りの内容を母親に伝えることが出来たということは、彼の心に筆者が伝えたイメージの世界が構築されたことになる。その構築されたイメージはほとばしる言語となって表出した。彼の心はイメージによって確かに動いたのである。

この話で思い出したのが、『ことばが劈かれるとき』（竹内敏晴著　ちくま文庫　一九八八年）の中に出てくる発育遅れのチョコちゃんの話である。療育施設に入学した小学3年になるチョコちゃんの言葉はほとんど聴き分けることが出来ない状態。言葉の指導もなかなかうまくいかず閉口。やがて少しづつイメージできることだけに声を出せるようにはなってきたチョコちゃん。そんなチョコちゃんに突然はっきりとした言葉が出たのは、ある切実な場面に遭遇したときだという。この本の著者である竹内氏曰く。「チョコちゃんのように何らかの問題を抱える子どもは、その子が生き生きとイメージできることでなかったら、言葉としての声は出ないのが当然である」と。つまり、言語とは、イメージや欲求が規定になくてはならない。

筆者の朗読で男児の心に何か動くものがあり、心の扉を開くきっかけとなってくれたならこんな嬉しいことはないと思った。

日常の語り掛けにおいても相手の心に豊かなイメージを届けようという意識で言葉を発するのと発しないのとでは受け手の感じ方は大きく違うだろうと思う。

今回のケースもチョコちゃんや小2男児のように、言葉がうまく出ない子どもたちだからこそ、我々が人への語り掛けの際に、何が真に大切なのかを、気づかせてくれるのかも知れない。

5. 心を込めて――「あなたへ」の気持ちを大切に

筆者は朗読する際、語り掛ける際、常に気持ちを声に乗せることを心掛けている。たとえ大勢の人達に向かっていても一音一音の響きを「あなたへ」の気持ちで声を届けるようにしている。

毎年、いくつかの小中学校で子どもたちに朗読をさせていただいているが、子どもたちの作文には、心を込めて語ってくれたので自分もこれから朗読するときには心を込めて語るようにしたいという文章が多く目に付く。子どもたちが心を込めて語ることの大切さを朗読を通して感じ取ってくれているのは実に嬉しいことである。

言葉の一音一音の響きを確認しながら言葉を大切に送ることは、相手を大事に思う気持ちとイコールである。そういった気持ちは音声を通して聴き手に伝わる。聴き手は、自分が受け容れられているという確信をその声の響きから感じ、満たされた気持ちになるだろう。他者へ語り掛ける際には常に「あなたへ」の気持ちを忘れないでほしい。

第二節　セラピー朗読に学ぶ「心のケア」

人が生き生きと人生を送る為には心の健康維持は重要なテーマである。特に現代のように様々なストレスと向き合って生きていかねばならない時代は心の健康維持も並大抵ではない。ストレスに負けない心の態勢創りも現代社会を生き抜いていく上では必要である。ここではセラピー朗読学習から学べるストレスをうまくかわすコツを紹介する。

1. 声のコントロールは心のコントロール

人の精神状態と声は密接な繋がりがある。たとえば、人は緊張すると、声が震えたり、高くなったり上ずったりするから、聴き手にも話し手の心の状態が伝わる。また、心に悩みや不安があるとき、時間に焦っているときなども声の響きからその様子を感じ取ることが出来る。特に電話の場合は耳だけに注意が集中するので、より敏感に話し手の心の状態が見えてくる。

そういったことを考えると、人と話す際、気持ちが安定しているときは声も安定しているので問題ないのだが、気持ちが不安定なときは、よほど意識しない限り声にもその状態が出てしまい、聞き手を落ち着かない気持ちにさせてしまう。たとえば、イライラした声やヒステリックな声、攻撃的な声などは、まさに人の気持ちを滅入らせ不快な気分にさせる。しかし、意外に当人は気づいていないことが多い。声による精神的身体的被害は目に見えないのでそれを受ける側はたまったものではない。もちろんそういった声を体の内からいつも聞いている本人が一番の被害者だと思うが。そのような精神や身体に悪影響をもたらすような声を出さないことが一番であるが、そのためには常に気持ちを心穏やかな状態に保っていなければならない。しかし、ストレスの多い現代人にとって、精神をいつも良い状態に保つということは容易なことではない。そこで、日頃の生活の中でちょっと声を意識してよい響きの声を出すよう心がけてみてはどうだろうか。良い声は誰にでもある。その声は心がリラックス安定しているときである。その声を覚えておいて、良い声を出すことによって反対に心のバランスを立て直してあげる。声と心は繋がっているから声から心を穏やかにしていくのである。それは自分にとってもまわりの人にとっても幸せなことではなかろうか。

我々人間にとって脳が心地良いと感ずる音は、脳の働きによい刺激を与え、脳の活性化を促すと言われる。つまり、人の声も音であるから、常日頃意識して心地の良い声を心掛けたいものである。

声は意識して出すだけでも見違えるように変わってくる。自分がイメージした声を出す訓練を積んでいけば自分の意思で自由自在に声を使い分けることができ、自身の心も声からコントロールできる様になる。

朗読の極みは、如何に声をコントロールできるかにある。それは豊かな音声表現を行うためであり、そのためにはトレーニングも必要である。

トレーニングでは、まず自分の声を知ることから始める。始めは自分の声と思いたくない声でもいろいろトライしていくうち、必ず自分が心地よいと思う声に出会うことができる。自分の声の良し悪しを気に掛ける人がいるが、元々声の悪い人はいない。もし、自分の声が悪いと思い込んでいる人がいるとすれば、それは自分の声をよく知らないからであり、自分の声を　魅力的に使う方法がわかっていないだけである。声はそれぞれの人に与えられた世界でただ一つの自分だけの楽器である。美しい音色を出すためにはそれなりに磨く努力も必要である。声だけで人を魅了することができたらこんな素敵なことはないだろう。自分がイメージした声を出せるよう、声をコントロールするトレーニングを積むことで自由自在に声を動かすことができるようになる。自由自在に声を遣えるようになれば、人への声の気配りも容易になり、又良い響きの声を出すことで自分自身の心の安定にもつながる。たかが声と思うかも知れないが、声ひとつで人生も豊かに変えることができる。

声のコントロールは心のコントロールである。心の健康維持を考える上でもまずは自分の声から見直してはどうだろうか。

2. 感情を動かす体験でストレスに強くなる

人間は感情の生き物であるから様々な感情と向き合いながら日々生きていかねばならない。そういった心に起こる感情をバランスよく動かすことで心の安定は生まれる。怒り、悲しみ、憎しみなどの負の感情も人間ならば当然であり、問題はそういった感情を自分の中でどうコントロールし処理していけるか、つまり、感情の切り替えがいかに柔軟にできるかどうかが大切である。ひとつの感情だけに囚われてしまうと、やがて心に歪みが生じてしまう。

現代は子どもから大人まで様々なストレスを抱え生きている。同じ体験をしても憂鬱に陥って立ち上がれなくなってしまう人もいれば、気分をすばやく転換することが出来る人もいる。最近多く見られる心身症などの多くの精神的疾患は、感情の切り替えや想像という遊びのクッションがないため、うまくストレスに対応することが出来ずに起こると言われる。つまり、感情を動かすことがうまい人はストレスにも強いと言える。ストレスに振り回されないためにも、小さい頃からいろいろな感情を体験し、自分の感情とどう向き合うかといった感情訓練が大事である。

そういった意味合いでは、朗読学習は感情の切り替え力をつけるのには最適である。つまり、朗読は語り手一人で様々な登場人物の心を演じ分けなければならないからである。言い換えれば、感情コントロール作業である。こういった作業をくり返していると、普段の生活においても、自分の感情を客観的に捉えることが容易となり、感情の切り換えもスムースに行える様になる。

特に強い情動を伴う体験、たとえば強い喜びや恐怖などは、脳を活発に活動させ変化しやすくするので、感情の切り替えが柔軟になるといった効果があると言われる。

喜びと恐怖は質が違うようであるが、脳の刺激においては同じであり、そういった強い刺激を脳にもたらしてあげることで、脳は活発に活動し、変化しやすい状態が作られるということだ。しかし、日常の中で頻繁にそういった感情体験ができるというものでもないので、朗読は良い機会と言える。

以前、童話の世界において、原文の残酷と思われるところや悲劇性の部分をすべてハッピーエンドに書き換えてしまった時期があったが、その多くは大人の都合であり、せっかくの子どもの感性を狭めていたと言えるだろう。現在では、人間の本質に正直に目を向けることの大切さが認識されるようになってきたので原文で味わうことの意味が理解されている。しかし、未だ子どもの発達上良くないからと、恐い話や悲しい話を子どもからわざわざ遠ざけてしまう親や指導者が多く存在するのはとても残念なことである。せっかくの子どもの豊かな心の芽を摘みとってしまっているように感じる。物語りの安心感の中で、大人が子どもと一緒になってハラハラドキドキする恐さを楽しんだり心から悲しみを共に出来る触れ合いこそが本当の教育ではないかと思う。

3．音声から感情を読み取る力を磨く～円滑な対人関係を築くために

最近は携帯メールなどの普及で音声感情交流の機会がだんだんと失われつつあるようである。メールに支配され、会話ができない若者が増えているという現状は嘆かわしいことだ。メール文字では意思の疎通が不完全状態のままで終わってしまうからだ。誤解も生じやすく、携帯メールを送った後、返事を待つ間に起る不安感が大きな心の問題となっているようだ。相手の本当の気持ちを察知できないままのコミュニケーションを続けること自体、心にとって良い環境とは言えないだろう。同じイエスだって様々なイエスがあるはずだからだ。ノーに近いイエスだってある。音声で伝える場合は言葉の背後にある微妙な思いを伝えることもできるが、メールの場合はイエスはイエス、ノーはノーでしかない。最近はそういったことを補う意味もあってか絵文字なるものもプラスされたりしているが、僅か数種の顔の表情を選択するだけでは微妙な心の内は伝わらないだろう。そしてそれは送る側が敢えて入れるものであって、何気なく出てしまう気持ちの本音とはまた違ったレベルのものと言える。声の交流は、音声が伝える手がかりによって相手の心の内を察したり推しはかったりすることができるわけで、そこから相手に対する配慮や思いやりの気持ちが生まれてくるのである。たとえば自分の誘いに対してイエスという言葉が返ってきても、その声の響きから、ちょっと無理しているかなという感じが伝われば、今回は無理しなくても大丈夫だよ、という対応もできるだろう。相手をホッとさせてあげる気配りができるのも、こういった準言語と称される声による感情の手がかりがあるからである。つまり、言葉のもっている意味ではなく、音声的な手がかりから相手の心を推察する力である。この能力が高い人は対人関係においても感情交流がうまくでき、円滑な人間関係が築ける人と言えよう。

朗読療法の朗読作業は、まず登場人物の心理分析を行う。言葉の背後に流れる気持ちを把握しなければセリフのニュアンスも違ってくるからである。その微妙な心理を声でどのように描いたら聴き手に伝えられるかを追求し、音声表現として確立させていく。同じ「ありがとう」の表現一つをとっても、心理状況によって何十通りもの音声表現が生まれてくる。こういった作業を行っていると、日常会話においても相手の音声から感情を読み取ることがたやすくなってくるのだ。

現代の子供や若者たちは、自分の感情を言葉でうまく表現することができなくなってきている。簡単便利なメール世界にとっぷりと浸かり、人と顔を合わさなくても事足りてしまう、こういった傾向は、現代人を生きた言語から遠ざけてしまっているように思う。自分の感情を言葉でうまく表現できないから直接行動に出てしまったりということが起こる。つまり、切れやすい人間が増えているという現状もうなずける。

現在、筆者が行っている精神科での朗読療法では、コミュニケーションが苦手な人達が、自分の言葉で表現する楽しさを学んでいる。「音声表現ってホントに楽しいね。これって実際に体験した人じゃないとこの楽しさってわかんないよね。」こんな言葉も聞かれるほど賑やかな笑いに包まれながら、毎回様々な感情表現に取り組んでいる。彼らの多くは、感情をうまく表現できなかったり、言葉から相手の気持ちを察するということが不得手だったりする。そういったことをクリアできる機会として、朗読療法のセッションは役立っている。こういった精神科の患者さんのみならず、学校、職場の人間関係がうまく運べず苦しんでいる多くの人たちにもぜひ体験していただきたいセッションである。いくら希望する学校や職種につけたとしても円滑な人間関係を築くことができなければ充実した日々は送れないであろう。人が心豊かに人生を送るためにも、自分の気持ちを人にうまく伝える力、人の気持ちを音声から察する力を育てていくことが何より必要なのではないだろうか。

第八章

朗読療法を学んで

ここで朗読療法受講者の手記を何点か紹介する。

①S・Nさん（女性29歳）

私ははじめ朗読療法と聴いてとても驚きました。朗読が果たしてカウンセリングに役立つのかと疑問にも思いました。しかし、実際に朗読を聴き、その考えはすぐになくなりました。まず、声ですが、普段声は言葉を伝えるだけのもので、声にはあまりこだわっていませんでした。しかし、声の出し方一つで色々な表情を持ち、力を持つのだなと感じました。カウンセリングも技法などにこだわる以前に、一番大前提である話すための言葉・声に注意しなくてはならないのだなと改めて感じました。このことは朗読に出会わなければ気づけなかったと思います。そして朗読ですが、先生の朗読を聞いていると、物語の情景が浮かんでくるのはもちろんのこと、何より声・気持ちが心にスーッと入ってきて、とても心が落ち着きました。いつも日常というものに追われ、毎日を現実としてこなしていく中で、ふっと心が安らかになり、物語りという非日常を味わうことにより、自分というものが解放され、解きほぐされていく気がしました。そして、何か忘れていたものを想い出すような、心の中にジーンと暖かなものが流れ出てくるような、とても気持ちがリラックスできました。

また、物語りの登場人物などに自分を重ね合わせることにより、これからの生き方みたいなものが見つけられるのかなと思いました。

朗読療法について感じたのが、遊戯療法に少し近いものがあるのかなと感じました。遊戯療法は誰もがしてきたし、遊びの中で心がリラックスし、自分を表現できるという部分があると思うのです。朗読療法は、これから幅広い層に適用できると思いますし、自分でも声の発し方に注意しながら、もっと朗読療法について学んでいきたいと思います。

②M・Yさん（女性58歳）

朗読療法に出会い、学習する中で色々な物語の中で遊んでいる自分に気づかされています。これまでは私の心と本当に向き合ってくれる人も物もなかったと思っていたのですが、朗読療法と出会い、実は自分が本当に自分と向き合っていなかったことに気づきました。今それを認識でき、こうして書くことが出来るほどに私の心は柔らかく溶かされてきています。

私にとってこれは大変な心理効果であったと思います。言葉で表現できなかった自分自身の内面を、今は、つたないながらも自分の言葉で表現することが出来るようになってきたのですから。

③M・Yさん（女性23歳）

朗読療法の時間は私にとって癒しの時間になりました。忙しい毎日の時間の流れを離れ、ゆったり時が過ぎていくのを感じました。声が美しいというのは、声が透き通っているとか、声質がいいという表面的なこととは別に、それ以上に心を込めるということが美しい、癒しの力を持つ声になるのだと思いました。

カウンセリングは相手のある一つの人間関係であります。将来カウンセリングをするようになるであろう私にとって、心を込めた声がいかに人間関係において力となるかという事は朗読療法に出会っていなかったら、気づくのにかなりの時間を要していたかも知れません。そしてまた「間」についてその意味の深さに改めて気づくことが出来ました。何もないのが「間」なのではなく、「間」によって心が溶かされていくというのを物語りを聴きながら感じておりました。

④M・Kさん（女性35歳）

授業が進むにつれて、言葉にはその人の心、感情がのっかかるものだと実感しました。昔から言霊と言いますが、本当にうまい言葉だと思いました。人は優しい思いやりのこもった言葉を受けることにより、心が安らいだり救われたりして、逆に攻撃的な感情のこもった言葉を受けることによりものすごく傷つくものなのですね。人の心の病は声によって創られ、声で治していかれるという先生の言葉の意味が見えてきました。私自身も最近人の言葉によって傷つき、また人の言葉によって救われていると実感しています。自分は人の心を癒す言葉を発することの出来る人間になりたいと思いました。朗読は読む本人にも良い心理効果があるので私ももっと練習していきたいと思っています。また、朗読学習は自分の感情をコントロールさせるのに実に役立つということを実感しています。

⑤R・Sさん（男性28歳）

授業が、すごく楽しいです。

一つ一つの〝言葉〟〝音〟を感じながら、イメージを掘り起こしながら口にするのは気持ちよかったです。〝言葉〟は説明のためのものという考えに囚われて、何を表現するものか、ということから離れていた自分を見つけました。

今、自分の自然な声はどんなだろう？　と考えています。この前の講義中の朗読で一瞬イメージと声がぴったりきたときに、今まであまり感じたことのない安堵感がありました。

講義を通じて心の中で眠っていた色々なことが動き出し、ドキドキしたり、興奮したり、ほっとしたりと新たな自分発見ができたようでとても楽しかったです。カウンセリングの目的はよりよく幸せに生きることで、朗読カウンセリングの授業を受けて私は少し心が柔らかくなりました。蕾で止まっていた部分が開いた感じもします。これからイメージ豊かな〝言葉〟〝声〟を使って、自分の心を表現していきたいなと思います。

⑥R・Aさん（女性27歳）

始めに朗読を聴いたときは、簡単そうに感じたのが、実際、家に帰って自分の声をテープにふきこんで聴いてみたら、何と単調でぶっきらぼうな声であるのかと、改めて難しさと奥の深さを実感しました。また、私は日常、早口なので、ゆったり語ろうとすると、長年の私なりのリズムがくずれてしまい、かなり苦痛を感じました。それはたぶん自分の性格がすべて語り口に反映しているのだと思います。声の出し方から性格を改善して行ける、という教えが身体で分かったように思います。小さい頃ゆっくり話していると、母親からよく怒られた記憶があります。頭が鈍そうに見えるというのです。それ以来、私自身もゆっくり話す人の話を聴いていると、本当に嫌でイライラしてくるようになったのです。

この講座を受けるまで全く意識していませんでしたが、私自身の半生、母親からの影響を知らず知らず受けて、これまで一所懸命気を使って生きてきたのかと思うと、自分を愛《いと》おしく思えてきました。

私にとって、自分自身が満足のいくような声を聴けるまでには、きっとかなりの訓練が必要だと思います。大変興味深い勉強の分野です。

⑦M・Oさん（女性30歳）

小学生のころ、全校生徒の前でしゃべらなければいけないことがあり、シーンとなった中で緊張に耐えられず声が出なくなったことがあります。「あ…ぁ…」って感じで。皆に笑われてとても恥ずかしい思いをしました。それ以来、シーンとしたところで皆の意識がこっちに向いていると思うと、声が出なくなることが何度かあり、今は小さい声しか出せなくなってしまいました。いずれ乗り越えなきゃいけないと、日々きっかけを探していたところ、今回の授業にはたくさんのヒントがあり、少しづつではありますが、前よりは緊張でへんな汗をかいたりというのがなくなってきました。私なりに声もボリュームが上げられる様になりました。声と精神は繋がっているのですね。声から病を治すという言葉の意味を実感しました。今、私はあらゆることに挑戦を始めています。私は段階を踏んで、いつか表情豊かな声で、今度はこれまでの私のように自分を出せず苦しんでいる人に朗読をして上げられたらたらなぁと思っています。いつも楽しい授業ありがとうございます。

⑧T・Aさん（男性32歳）

子どもの頃、自分の気持ちを素直に表現したくても外からそれを抑えられてしまい、気持ちを表に出せないまま大人になってしまった様に思います。ですから常に自分の感情を表に出さないようにしてしまうのです。まわりの顔色ばかり伺ってしまい、自分の気持ちに素直になれないのです。今日の授業は、コブタが自分の気持ちを吐き出せないというお話がテーマでした。何か自分の心を見ているようで痛いほどその気持ちが分かるような気がしました。コブタに自分を投影して子どもの頃の自分を考えていました。朗読療法の授業では登場人物の様々な感情を感じて表現していくので、僕にとってはまさにセラピーであり、自己表現の訓練の場でもあります。授業を通して一歩一歩づつではありますが、自分の殻から脱却していってるような気がします。もっともっと自分の知らない新たな一面を見出すことが出来たらと思います。

⑨Ａ・Ｍさん（女性21歳）

今日のお話で自分を表現したくない人はいないという言葉に強く共感しました。本当にそうだと思います。皆がそれが出来たら本当に豊かな社会になると思います。私は何になりたいかというと自由になりたいんです。つまりどういうことかというと、自分の気持ちを言葉、音、身体にそのまま表せるように生きたいのです。朗読療法の授業を受けていると、少しづつ「自由」に近づいている自分がいます。

⑩Y・Tさん（女性45歳）

音楽も心を癒してくれますが、肉声で語られる心のこもった声は音楽以上だと思いました。なぜなら声には肌のぬくもりが感じられるからです。体温がそのまま伝わってきて何だか安らかな安心感に包まれるようです。こんなにも人を癒せる楽器をすべての人が持っているのにその使い方を知らないなんて、なんてもったいないことだと思いました。朗読療法は、声で物語りを聴くことにより、心の癒しだけでなく自分がどうやって生きたらいいだろうかという生きる意味も見い出せた気がします。今まで自分の心が見えなくて不安に陥っていたのですが、朗読療法に出会い、空白になっていた自分の物語りの続きをまたちゃんと紡いでいけるようになりました。

⑪Y・Yさん（女性40歳）

朗読療法を学ぶことで、あらためて「感性」の大切さに気づくことが出来ました。

普段何気なく過ごしている日常生活の中で静かに耳を澄ましたり、心の奥で深く感じることをつい忘れがちで何かに追われてしまう毎日を送っていた自分に気づきました。今は朝の小鳥のさえずり、朝日に当たる木々の緑の美しさ、木の芽が出ることとなどに愛《いと》おしさを感じられるようになりました。「忙しい」というのが心を亡くすものだと実感し、これからは心豊かな生活を送ることが出来れば良いなと思います。また、朗読をすることを通じて、日本語の言葉の響きの美しさに感動もしました。それを表現するには言葉の持つイメージそのものを大切にすることが求められ、そのように自分の心の中を心豊かに心を遊ばせることや色々なものを純粋に受け止められるよう、自分で心をリフレッシュ、柔らかくしておくことが大切だと思えるようになりました。

⑫Y・Sさん（男性55歳）

朗読療法を学び、まず自分の心が落ち着いてきていることに気づかされます。学んでいるはずの自分が癒されているのだと思います。そして今は、相手の心や気持ちを大切にしたいと思うように自分自身が変ってきたことに感謝しています。

以上でもわかるように、朗読療法は、セラピー朗読を学習する過程がその人自身のセラピーになっている。また、自身の心のントロール力を培っていくことにも繋がる。

聴き手に心地よい声の響きを贈るためには、まず声を送り出す自身の心が安定していなければならない。人に心地良い声は、自分の心にも心地良く心の安定につながる。朗読療法を学ぶことは、そのこと自体がその人自身の心の豊かさを創ることなのである。

おわりに

この本の冒頭でも書いたが、朗読療法は朗読すればそれが療法になるというものではない。クライアントにとっては、何を語られたかではなく、それがどう語られたかが重要だからだ。つまり、語る際の声の遣い方や、音調、声から醸し出される雰囲気といったものが聴き手の心に意味を持つ。私は本書の中で様々な事例を通して言葉を運ぶ声の重要性についてお伝えしてきた。しかし、声は形として認識できるものではないので、見えない声の持つ力をお伝えするのはかなり困難な作業であった。本書で紹介した事例はその足りない部分をかなりフォローしてくれたように思う。

朗読療法は厳密に言えば、声の力を生かした療法といえる。つまり声と心は密接につながっているからだ。朗読療法はその声の効果を活用した一つの方法論である。朗読するだけでは、あるいは朗読を聴くだけでは療法にはならない。そこに心理学的なアプローチが施されて始めて療法として成立する。

この書は、まだ産声を上げたばかりの朗読療法の実践報告とも言えるだろう。本書を契機に、これまで抜け落ちてきた声の重要性を見直し、療法の世界はもちろんのこと、声でコミュニケーションを取られているすべての方々のお役に立てれば幸いである。

最後にこの場をお借りして、ある難病の方の手記からその一節を紹介させていただき結びとしたいと思う。

病院内で筆者の朗読セラピーを受けているIさんは、球脊髄性筋萎縮症（筋肉が徐々に萎縮していく病気）に加え、後縦靱帯骨化症（首の靱帯が骨化する病気）という二つもの難病に苦しまれている方だ。ここに紹介させていただく手記も、筋肉萎縮のため、特殊なパソコンソフトを使って気の遠くなるような時間をかけて一文字一文字打たれたものである。

なぜ私だけがこんな病気に……黙々と病院のベッドで横たわるだけの空しい日々。絶望感に私は救いようの無いほど落ち込み、考えることは常に悲観的なことばかり……そんな私の内面が大きく変化しはじめたのは朗読セラピーとの出会いからだった。

日本語の持つ言葉の柔らかさ、美しさ……その声の響きは私の眠っていた五感を目覚めさせ、遠い昔に置いてきた私の中の感性を蘇えらせた。

耳から入る言葉の響きに、四季の移ろいを五感で感じ取ることが出来たとき、私の心のろうそくにぼんやりとした光が灯った。その光は徐々に私の心の中に広がり、眠っていた私の記憶をふつふつと沸きあがらせ、それは瞬く間にほとばしる言語となって表出し始めた。それは朗読セラピーを受けている他の患者にも波及し、それぞれの感性を次々に呼び起こしていくように見受けられた。

はじめは聴いているだけで反応の乏しかった人が会話に加わり、まるで新たな魂が宿ったかのように自分の意思を伝え始める。

黙読では中々イメージすることが難しい情景も、情感豊かな語りによってイメージは豊かに広がり心に染み込む。さらにその後の先生との会話のやり取りによってそれぞれのイメージは一人ひとりの心に意味を持つ。たった一つの言葉で生き生きとした頃の気持ちがそのまま蘇えってくる……そんな自分に驚かされる。生きる意味とは？　の答えは自分の心の中にあると気づく。今、体力の落ち込みは日増しに大きく、体の自由もだんだん利かなくなってきている。しかし、私の場合有難いことに頭脳の衰退は無い。

朗読セラピーとの出会いによって私の日課は急に忙しくなった。執筆作業、スペイン語、リハビリ、朗読……今の私にとって、朗読セラピーはかけがえのない時間となっている。「蘇る感性」（「蘇える感性」２００８．５ 記）

本書の執筆にあたり、ご協力いただいた皆様にはこの場をお借りして心より感謝を申し上げます。また、事例のお名前に関してはすべて仮名とさせていただきましたのでご了承の程お願い申し上げます。

朗読講座・朗読療法講座及び（橘由貴）朗読ＣＤに関するお問い合せは左記までお願い致します。

問い合わせ先：日本朗読療法協会
〒１４６-００９２ 大田区下丸子２-１３-１-１５０３
ＴＥＬ＆ＦＡＸ ０３-５４８２-５０６２
E-mail info@rodoku-therapy.org ホームページ www.rodoku-therapy.org

【著者略歴】

橘　由貴（たちばな　ゆき）
東京都出身、日本女子大学卒業。
カウンセラーとして、病院、メンタルクリニック等で心理療法に携わるかたわら、心の病からの回復、予防における有効な方法として朗読療法を提唱。医療、福祉、教育現場での実践および研究に取り組んでいる。そのほか朗読療法士の育成にも力を注ぐ。国立音楽院講師。日本カウンセリング学会所属。
また、ヴォイスアーティストとして、NHK テレビラジオの朗読番組、ドキュメンタリー、ラジオドラマ、教育番組等に多数出演。朗読の分野では心をテーマとした物語、ポエムを中心に独自の語りの世界を確立、国内外にて公演活動を行う。

著書：『新臨床心理学』八千代出版共著

朗読療法

●――――2008 年 7 月 20 日　初版第 1 刷発行

著　者――橘　由貴
発行者――井田洋二
発行所――株式会社 **駿河台出版社**
〒 101-0062　東京都千代田区神田駿河台３－７
電話 03(3291)1676 番(代)／FAX 03(3291)1675 番
振替 00190-3-56669
製版所――株式会社フォレスト
ISBN978-4-411-00376-8 C0011 ¥1900E

《21世紀カウンセリング叢書》
[監修] 伊藤隆二・橋口英俊・春日喬・小田晋

キャリアカウンセリング

宮城まり子

近年厳しい経済状況に見舞われている個人、企業、組織はキャリアカウンセラーの支援を切実に求めている。本書はキャリア自身の本格的なサポートをするために書き下された。

本体1700円

PTSD　ポスト・トラウマティック・カウンセリング

久留　一郎

トラウマとは瞬間冷凍された体験だ。それを癒すには凍りついた体験を解凍し、従来の認知的枠組みの中に消化吸収してゆくことだ。

本体1700円

ADHD（注意欠陥／多動性障害）

町沢　静夫

最近の未成年者の犯罪で注目されているADHDについて、90年代以後の内外の研究成果をもとにADHDとは何かにせまる。そして、この病気にいかに対処するか指針を示してくれる。

本体1600円

自殺予防カウンセリング

藤原　俊通
高橋　祥友

絶望的な感情を誰かに打ち明けようとしている「孤独の魂の叫び」を受け止められれば自殺予防が可能なのです。

本体1700円

間主観カウンセリング

伊藤　隆二

本書は長年臨床心理学にたずさわってきた著者が身をもって体験してきた結果得た知識を基にして、現代心理学のゆきづまりを打破すべく鋭くその欠点を批判し、その結果、新たな心理学の確立をめざそうとする意欲的な心理学書である。

本体1800円

自己愛性人格障害

町沢　静夫

現代は自己が脆弱化している。それを防衛しようと、逆に自己は発達停止と誇大化をおし進める。

本体1700円